非一般的古文课

| 归去来 |

蔡朝阳 ◇ 著

中国出版集团

东方出版中心

方 图

四方图志·心安一隅

目录

CONTENTS

说 "归去来"

本册得名自陶渊明的《归去来兮辞》。

龚自珍喜欢陶潜,写有"舟中读陶诗三首",其中最著名的当属这首:

> 陶潜诗喜说荆轲,想见停云发浩歌。
> 吟到恩仇心事涌,江湖侠骨恐无多。

陶潜其实是一个特别有意思的人。龚自珍发现,陶潜的诗歌很喜欢提荆轲这个人,这大概主要是指陶潜《咏荆轲》这首诗。

荆轲是位侠客,"荆轲刺秦",留下"风萧萧兮易水寒,壮士一去兮不复还"的千古绝唱。陶潜甚为追慕荆轲,《咏荆轲》一诗中有"君子死知己,提剑出燕京""其人虽已没,千载有余情"等名句,壮怀激烈的情感,穿越千年而来。

然而自古至今的读者,提起陶潜,一般都以为他就是隐士。"隐士""与世无争"成为陶潜千年来的标签，从而模糊了陶潜的全貌。

"归去来"，讲的是人生的一种二律背反，也恰恰是人生的丰富面貌之象征。如陶潜，有菩萨低眉的时刻，也有金刚怒目的时刻。我们要认识一个人，便需要认识他的不同面相，这才有可能更接近这个人的本身。

其实，古典文学对于我们来说，也是如此。历史的长河绵延，文人墨客在不同时代留下灿烂篇章，各自带着时代的印记。就选篇而言，编选者往往注重云蒸霞蔚、至为高光的年代，比如诞生了散文八大家的唐宋时期；但泉流艰难、幽暗曲折的时光，同样不容我们忽视。

"归去来"，指的是一种文学历程的曲折展开。就像黄河长江，于高原滥觞之处，如泉水叮咚；一旦进入深山峡谷，则闪转腾挪，历经各种阻碍而又奔突不止；最终突出峡谷，堂堂皇皇，朝向平原，如唐诗所说的"潮平两岸阔，风正一帆悬"。

此之谓"归去来"。

第一讲
子罕

> 颜渊喟然叹曰:"仰之弥高,钻之弥坚,瞻之在前,忽焉在后!夫子循循然善诱人,博我以文,约我以礼,欲罢不能。既竭吾才,如有所立卓尔。虽欲从之,末由也已!"
>
> (《论语》选段)

《论语》的章节,其实挺有意思。通用的版本中,《论语》一共有 20 篇。每一篇都有一个篇名,比如《学而第一》。什么叫"学而第一"?"第一",说明这是第一篇;"学而",则是从这一篇第一句里拿来当篇名的两个字,一般是孔子及孔子再传弟子说的第一句话的最前面的两个字。《学而第一》这篇的第一句话:"子曰:'学而时习之,不亦说乎。'"

《论语》第二篇是《为政第二》，我们就知道，第二篇开头一定是"为政……"。你看，果不其然，第二篇一开始，子又"曰"了："为政以德，譬如北辰，居其所而众星共之。"

今天要讲的《子罕》，是《论语》第九篇，又叫《子罕第九》。"子罕"，是这一篇开头一句的头两个字。"子罕言利，与命，与仁。""罕"就是稀罕、稀少。这句话的意思是说，孔子很少讲利益相关的东西，但是赞同命和仁。

虽然不爱谈利，但孔子他老人家，教书还是要收学费的。孔子收的学费，叫"束脩"。"束脩"原指干肉，十条一捆，后来就代指学费了。大概孔子有很多肉干，所以就不言利了。中国后代的读书人深受孔子这句话的影响，都不爱谈钱，形成了轻视经济利益的传统。有些人可能真的不爱钱；但有些人可能也很爱钱，只是嘴里不说，因为"子罕言利"，因为"君子喻于义，小人喻于利"（《论语》）嘛。

但其实，钱是个人自由的保障。阿老师到辞职之后，才明白这个道理，因为没人给我发工资了呀。所以，孔子他老人家，很多话都讲得很有道理，但是我们也不能盲目全信。现代人还是要了解一点现代的经济学的，要有一定的积蓄，懂得理财，自己才有财务自由，这样才能去做自己想做的事，你说对吗？

我们今天要讨论的古文选段，是颜渊的一段感慨，讲了他对孔子的感受。这段话非常有名，一些词句我们后人在白话文里也一直在用，像"仰之弥高，钻之弥坚""循循善诱"等。

颜渊感叹道："哎呀，我们老师的学问啊，我抬头仰望，越看越觉得高明，越钻研就越觉得艰深；眼看着它好像在前面，忽然它又跑到后面去了。老师循循善诱，用文章来使我广博，用礼来约束我们的行为，我们想要停止学习都不可能。我已经用尽了自己的才能，可还是有一个高高的东西立在我的前面。即使我想要追随上去，也没有路径啊。"

"仰"，就是仰望。"弥"，就是更加。"瞻"，就是看；我们现在还有个词，叫"瞻仰"。

"循循然善诱人"，"然"就是什么什么的样子；"诱"不是引诱，而是诱导、教导的意思。

"欲罢不能"，现在也是个成语，意思是想要停止都不能够，类似于"不能自拔"。

"卓尔"的"卓",就是高出的样子;现在有个成语,叫作"卓尔不群"。

你看,这段话衍生出好多成语和句子,我们现在仍然在使用。所以你说,古文消失了吗?并没有,它仍然"活"在我们的现代汉语里。

颜渊就是颜回,字子渊,所以人们也叫他颜渊。颜渊是孔子非常喜欢的学生之一,在《论语》里经常被表扬。

比如,颜回过得很穷苦,住在陋巷,喝凉水,吃粗粝的米饭。尽管如此,颜回还是很快乐,因为他找到了学习的快乐。因此孔子就表扬颜回:"贤哉回也。"意思是"颜回啊,很贤良"。

然而不幸的是,颜回年纪很轻就去世了。后人就猜测,这也许是因为他营养不够,但这当然缺乏依据。孔子哭得很伤心,在那里叫老天:"天丧予!天丧予!"这句话的意思:"老天爷这是要我的命!老天爷这是要我的命!"

我们知道孔子有三千弟子,其中有七十二个弟子也成了圣贤。但是像颜回那样,名字频繁地出现在《论语》里,受到老师表扬的弟子,真的不多。

这七十二个人，假设他们就像今天的学生一样在一个班级的话，那么这个班肯定是一个好班，甚至是一个"圣贤班"。这个"圣贤班"里，每个人性格各异。颜渊因为学习特别勤奋，可以做学习委员。体育委员是子路，因为子路勇武。孔子每次出游，总要带着子路，很多故事也都跟子路有关。文艺委员是曾皙，因为他会鼓瑟。孔子问大家："你们有什么理想啊？"曾皙不着急回答，而是先鼓瑟，一曲终了，才来回答。这么热爱文艺，曾皙自然就是文艺委员了。生活委员，大概就是子贡了。因为子贡很会理财，被视为商人的祖师之一——还有一个祖师，就是范蠡了。

孔子的弟子中，也有不爱学习的，比如宰我。宰我白天睡觉，被孔子骂。孔子骂得很难听："朽木不可雕也，粪土之墙不可杇也。"

颜回很崇拜自己的老师，认为自己的老师不可超越。当然，这是对老师的一种钦佩。我们遇到这样的名师，也会有这样的感慨。但是西方的哲人却有一点不同，他们并不像我们那样崇拜老师到五体投地的程度，连自己的想法也没有了。因为他们有一个传统，叫"吾爱吾师，吾更爱真理"（亚里士多德语）。

第二讲
曳尾涂中

庄子钓于濮水。楚王使大夫二人往先焉，曰："愿以境内累矣！"

庄子持竿不顾，曰："吾闻楚有神龟，死已三千岁矣。王巾笥而藏之庙堂之上。此龟者，宁其死为留骨而贵乎？宁其生而曳尾于涂中乎？"

二大夫曰："宁生而曳尾涂中。"

庄子曰："往矣！吾将曳尾于涂中。"

（《庄子·秋水》选段）

"曳尾涂中"，这个词语总让阿老师想起一个朋友，这个朋友姓涂，我们都叫他涂涂。涂涂本来在北京工作，那是一份在阿老师看来很不错的工作，但是他却辞了职，去大理待着了。

在大理，有很多人像涂涂一样，辞去了在一线城市的看起来很有前途、很有身份和地位的工作，告别了城市的生活，来到了边陲之地。这是为什么呢？我想，这大概是因为他们在寻找一种自己想要的生活吧。

阿老师有很多朋友在大理。经常有人跟我说："某某某是你朋友吗？我也认识。真巧，世界就这么小。"

在大理的朋友涂涂是一个出版人，他创办了一家出版公司，叫乐府文化。这家公司做了一本书——《仿佛若有光》，讲的就是大理的这些"神之巫之"的朋友。

"神之巫之"，是我们这些生在俗世中的人的看法。用我的话来讲，其中是有一点点调侃意味的；但对他们来说，这却是他们自己选择的、他们自己想要的生活。一个人最大的成功，难道不是按照自己的意愿去生活吗？

这也是我们今天要讲的"曳尾涂中"的故事告诉我们的道理。阿老师不是说我的朋友涂涂名字里有个"涂"字，他就活在泥涂里，而是说，庄子的这个寓言，跟涂涂他们的人生选择，真的有某种观念上的相似之处呢。

"曳尾涂中"，是《庄子·秋水》篇里的一个寓言。庄子在濮水里垂钓，楚王派了两个大夫前去跟庄子说："我们大王啊，想拿国境之内的事情，来麻烦你。"这是什么意思呢？意思是说，楚王想让庄子去楚国当大官，至少是个相国吧，否则称不上"以境内累矣"啊。

庄子拿着钓竿，头也不回，说："我听说啊，你们楚国有一只神龟，死了已经三千年了。大王用丝巾把它包起来，用箱子装起来，藏在庙堂之上。那么，我们来问问这只乌龟：它是宁可死了留下骨头来显得很尊贵，还是宁可活着在污泥里拖着个尾巴？"两个大夫回答说："宁可活着在污泥里拖着个尾巴。"庄子就说："你们走吧！我也想要在污泥里拖着尾巴。"

这个寓言给我们留下了一个词语："曳尾涂中"。"曳"，就是拖、拽的意思；"涂"，就是污泥、泥巴。"曳尾涂中"的意思就是在污泥里拖着尾巴。

这是什么意思呢？这就是说，庄子认为，他去当官，就是被当作龟甲给供起来，虽然地位看起来很尊贵，但是没有自由。为什么呢？因为政事繁忙，这是庄子不喜欢的；因为有很多繁文缛节，这也是庄子不喜欢的。总而言之，所有的外物，如建功立业、得享大名、荣华富贵等，包括儒家所说的"三不朽"——立德、立功、立言，在庄子看来，都不是人生的本质问题。人生就是要活成自己想要活成的那个样子。

因此，楚王邀请庄子当官，当大官，庄子不喜欢，就像陶渊明说的那样，"富贵非吾愿，帝乡不可期"（《归去来兮辞》）。庄子要做自己："现在，你们看着我是在污泥里，但我至少还有拖着尾巴走来走去的自由。"这种拖着尾巴走来走去的生活，是庄子自己的选择，庄子为这种生活负责。

你看，阿老师那些避居在大理的朋友是不是跟庄子很像呢？他们有些是企业的高级管理人员，有些是颇为成功的艺术家。总而言之，以世俗的眼光来看，他们都挺成功的，立德、立功、立言，用我们现在的话来讲，就是"人生赢家"。当然，也有一般的人，未必是"赢家"，他们也选择避居大理，因为他们不喜欢现代都市里的生活，想要回归自然。总而言之，他们选择去大理一定有自己的原因。

我们该怎么评价这些避居大理的朋友呢？说他们消极避世吗？这就像历史上有一些评论者对庄子的评价一样。庄子确实不喜欢这个尘世上的很多虚妄的东西，比如名利。但是庄子并不消极避世，庄子热爱自由，他不选择出仕，不选择去楚国，恰恰是因为他热爱自由。这是庄子身上最可贵的品质，也是阿老师在大理的朋友身上的一个重要品质。他们可能真的只是因为热爱自由。

庄子是先秦诸子之中，对自由最为敏感的人，也是对自由有着最深的哲学思辨的人。正因为这样，我们才会在《逍遥游》《秋水》等篇章中，看到庄子汪洋恣肆的想象力，这种想象力背后，恰是自由无垠的精神在飞翔。

你看，他这么写：

> 北冥有鱼，其名为鲲。鲲之大，不知其几千里也；化而为鸟，其名为鹏。鹏之背，不知其几千里也；怒而飞，其翼若垂天之云。是鸟也，海运则将徙于南冥。南冥者，天池也。《齐谐》者，志怪者也。《谐》之言曰："鹏之徙于南冥也，水击三千里，抟扶摇而上者九万里，去以六月息者也。"野马也，尘埃也，生物之以息相吹也。天之苍苍，其正色邪？其远而无所至极邪？其视下也，亦若是则已矣。

这里面的境界如此之广阔，然而这广阔的境界，仍不是庄子所想的自由的极境。庄子的极境，在于"若夫乘天地之正，而御六气之辩，以游无穷者，彼且恶乎待哉？故曰：至人无己，神人无功，圣人无名"（《庄子》）。

今天所讲的"曳尾涂中"只是一个比喻，里面包含的深意在于，庄子是那么珍视自由。就像裴多菲的诗句中说的那样："生命诚可贵，爱情价更高。若为自由故，二者皆可抛。"

因此，阿老师有多么热爱庄子，就有多么热爱在大理的每一个朋友。

第三讲
运斤成风

庄子送葬，过惠子之墓，顾谓从者曰："郢人垩漫其鼻端，若蝇翼，使匠石斫之。匠石运斤成风，听而斫之，尽垩而鼻不伤。郢人立不失容。宋元君闻之，召匠石曰：'尝试为寡人为之！'匠石曰：'臣则尝能斫之。虽然，臣之质死久矣！'自夫子之死也，吾无以为质矣，吾无与言之矣！"

（《庄子·徐无鬼》选段）

今天要讲的故事选自《庄子·徐无鬼》。徐无鬼是个人名：姓徐，名字叫无鬼——就是没有鬼。这个名字挺好玩的。有些古人的名字很好玩，比如一个叫霍去病的，还有一个叫辛弃疾的，这两个人的名字，听起来都让人想到身体健康、没病没灾。"荆轲刺秦"的故事里有一个人，名字更好玩，叫徐夫人。这人明明是个男的，却叫"夫人"。这个"夫人"跟后来的人对自己太太所称的"夫人"，可不是同一个意思。

徐无鬼是魏国的一个隐士。《庄子》的《杂篇》里，讲了很多关于徐无鬼的故事，但我们选的这篇，讲的还是庄子自己。

庄子送葬，经过了惠子的坟墓。这个惠子，就是我们讲"濠梁之乐"时讲到的惠子，他是庄子的好朋友——棋逢对手的好朋友，经常跟庄子"抬杠"。

庄子经过了惠子的坟墓，回头跟随从说了一个故事：楚国的郢都有一个人，他在自己的鼻尖上涂了一点白色的泥土，这点泥土就像苍蝇的翅膀那么薄。然后，他就叫一个匠人拿斧子来砍。这个匠人，名字叫石，匠石抡起斧子，呼呼作响，像一阵风，随随便便就砍下去了，把白土都削掉了，而郢人的鼻子却一点儿都没受伤。从头到尾，这个郢人站在那里，脸色一点儿都没有变。

这里阿老师要解释两个字，一个是"斤"字。我们之前讲过《孟子》中的"斧斤以时入山林"，解释过"斤"就是斧子。从汉字的造字上来说，"斤"是一个象形字，就是照着斧子的样子创造的字形。汉字里带有"斤"字的，大多跟斧子有关，比如"斧"字、"斫"字等。汉字的造字法，是很有趣的。

还有一个字，就是"听"。"听"不是倾听，而是任凭的意思；"听之任之""听任""听凭"中的"听"，都是任凭这个意思。"听而斫之"，就是听任他砍下去。

这个匠石，技法实在太厉害了！像苍蝇的翅膀那么薄的白土，他一斧头砍下去，白土没了，鼻子还在。

宋国的国君，叫宋元君。他听说了这件事，就叫匠石去他那里表演。匠石说："我过去确实能砍，然而，我的对象（搭档）已经死了很久了。""臣之质"的"质"，就是"对象""目标"的意思，匠石指的是把白土放在鼻子上面的那个人，他已经死了很久了。自从这个人死了以后，就再没有人能成为匠石的搭档了。

为什么庄子要讲这么一个故事呢？如果庄子就是一个技艺高超的匠人，那么他表演高超的技艺，也是需要一个跟他般配的合作者的。除了这个人，任何人都做不到——你把白土抹在别人鼻子上，拿个大斧子砍下去，那人不得吓晕啊！

因此，庄子是借这个故事，表达对惠子的怀念。

他们之间的那种默契、那种智慧的碰撞、那种棋逢对手的愉悦、那种友谊和信任，真的很令人怀念啊！自从惠子去世，庄子就再也没有那种基于智慧之上的辩论的快乐了。

任何一个时代，都有时代的底色。有庄子这样的人，就有惠子这样的朋友，他们之间旗鼓相当，在互相驳难的同时，也在互相促进，就像《诗经》里说的："有匪君子，如切如磋，如琢如磨。"我们怀念那样的时代，也呼唤这样的朋友。

第四讲
渔父

    屈原既放，游于江潭，行吟泽畔，颜色憔悴，形容枯槁。渔父见而问之曰："子非三闾大夫与？何故至于斯？"屈原曰："举世皆浊我独清，众人皆醉我独醒，是以见放。"渔父曰："圣人不凝滞于物，而能与世推移。世人皆浊，何不淈其泥而扬其波？众人皆醉，何不餔其糟而歠其醨？何故深思高举，自令放为？"屈原曰："吾闻之：新沐者必弹冠，新浴者必振衣。安能以身之察察，受物之汶汶者乎？宁赴湘流，葬于江鱼之腹中。安能以皓皓之白，而蒙世俗之尘埃乎？"渔父莞尔而笑，鼓枻而去。

> 歌曰："沧浪之水清兮，可以濯吾缨；沧浪之水浊兮，可以濯吾足。"遂去，不复与言。
>
> 　　　　　　　　　　　　　　　（《楚辞》选段）

《渔父》讲的是屈原被流放的故事。屈原到湘江边上，跟渔父说了段话，自剖心事，之后就投江自杀了。

那么，屈原为什么会被流放呢？他又为什么会投江自尽呢？我们先来讲讲《史记·屈原贾生列传》中的故事。

屈原，名平，字原。他跟楚王一个姓，也就是说，他是王族，是"自己人"。在《离骚》里，他又说自己名正则，字灵均。相关诗句如下：

帝高阳之苗裔兮，朕皇考曰伯庸。摄提贞于孟陬兮，惟庚寅吾以降。皇览揆余初度兮，肇锡余以嘉名。名余曰正则兮，字余曰灵均。

屈原说他是颛顼的后代，他爸爸叫伯庸。他的生日也特别好："摄提贞于孟陬兮，惟庚寅吾以降。""摄提"，指的是这年恰好是寅年，也就是虎年；"孟陬"，指的是孟春正月，是寅月；"庚寅"指的是庚寅日这天。寅年寅月的寅日，他出生了。所以啊，屈原是属老虎的，是彻头彻尾的"小老虎"。

楚怀王时，屈原担任左徒，因为"博闻强志，明于治乱，娴于辞令"，所以深得楚怀王的信赖，"入则与王图议国事，以出号令；出则接遇宾客，应对诸侯"。总而言之，他是"内政外交一把抓"，楚怀王非常信任他。于是，有人嫉妒屈原了。这个人就是上官大夫。

> 上官大夫与之同列，争宠而心害其能。怀王使屈原造为宪令，屈平属草稿未定。上官大夫见而欲夺之，屈平不与。因谗之曰："王使屈平为令，众莫不知。每一令出，平伐其功，曰以为'非我莫能为'也。"王怒而疏屈平。

楚怀王因为谗言而疏远了屈原，这是最早的一次。之后，在和秦国等国家的外交中，屈原的见解总是不被采纳，他也越来越被疏远。后来楚怀王死了，他的继位者是顷襄王，顷襄王听信了很多奸臣对屈原的中伤，也不喜欢屈原，最终把屈原流放到了湘江边上。

今天我们讲的这篇文章，就写在他被流放之后。

"屈原既放，游于江潭，行吟泽畔，颜色憔悴，形容枯槁。"

"颜色"，就是脸色；"形容"，就是身材和容貌。"颜色憔悴，形容枯槁"就是说屈原脸色憔悴，身形枯瘦。

"渔父"，即打鱼的老人看见了，就问他："子非三闾大夫与？何故至于斯？"渔父问屈原："这不是三闾大夫吗？你怎么到了这种地步？"

屈原回答说："举世皆浊我独清，众人皆醉我独醒，是以见放。""举世皆浊我独清，众人皆醉我独醒"后来成为千古名句，这句话的意思："天下都混浊不堪，只有我清澈干净；整个世上的人都喝醉了，唯独我清醒着。"

"是以见放"，就是因此被流放了。这四个字，需要解释一下。"是以见放"这个句子是被动句，其主语与谓语之间的关系，是被动关系：主语是谓语动词所表示的行为的被动者、受事者，而不是主动者、实施者。"是以见放"的"放"，就是流放，这个流放的动作，不是屈原自己实施的，他是被流放的。在文言文里，"见"字经常不表达"出现"或者"看见"的意思，而表示被动关系。所以我们学习文言文，看到这类句子，就要想一想，它是不是被动句。

像这样的句子，在文言文中有很多，在我们的现代白话文里，也有很多遗留。比如，《庄子·秋水》里说，"吾长见笑于大方之家"。"见笑"，其实就是被嘲笑的意思，我们现在也常说"见笑见笑"。此外，"见欺"，就是被欺负；"见谅"，就是被原谅。你可以留心一下自己读过的文言文或者白话文，看看还能不能找出用"见"字表示被动关系的词句。

渔父听了屈原的回答，问道："圣人不凝滞于物，而能与世推移。世人皆浊，何不淈其泥而扬其波？众人皆醉，何不铺其糟而歠其醨？何故深思高举，自令放为？"这段话的意思："圣人不呆板地对待事物，而能够随着时代一起变化。世上的人都混浊，你为什么不跟他们一样混浊？大家都喝醉了，你为什么不跟他们一起喝醉？你为什么要与众不同、自我标举，以致落了个被放逐的下场？"

屈原就回答说："吾闻之：新沐者必弹冠，新浴者必振衣。安能以身之察察，受物之汶汶者乎？宁赴湘流，葬于江鱼之腹中。安能以皓皓之白，而蒙世俗之尘埃乎？"这段话的意思："我听说啊，刚洗过头，就一定要弹去帽子上的灰尘；刚洗过澡，就一定要抖掉衣服上的污屑。怎能让自己的清白，被世俗玷污呢？我宁愿跳到湘江里，葬身于江鱼腹中。怎么能让我的纯洁，蒙受世俗的尘埃呢？"

"沐浴"这个词需要解释一下。我们现在说的"沐浴"，就是洗澡的意思。其实在古代，"沐"和"浴"是分开讲的。"沐"，就是洗头发；"浴"就是洗身体。所以屈原才说"新沐者必弹冠，新浴者必振衣"。"察察"，就是干净清白的样子。"汶汶"，就是污浊的样子。这里屈原用比喻来表达宁死也不同流合污的高洁情操。

渔父听完，莞尔一笑，挥动船桨，就走了，一边走，一边唱歌，歌词是这样的："沧浪之水清兮，可以濯吾缨；沧浪之水浊兮，可以濯吾足。"

渔父的这句歌词，一般是这样翻译的："沧浪之水清澈啊，可以用来洗我的帽缨；沧浪之水混浊啊，可以用来洗我的脚。"我们也可以按"互文"的方式（我们在讲《岳阳楼记》时讲到过）来理解："沧浪之水啊，清清浊浊，可以用来洗我的帽缨，也可以用来洗我的脚。"

其实，渔父这首歌，还是在用讽喻的手法来劝说屈原不要太偏执。就像这沧浪之水，它不会永远清澈，也不会永远混浊，但我们还是可以用它来洗我们的帽子，洗我们的脚丫子。

但是，屈原已经听不进去了。他最终投水自杀，留下了千古绝唱。

屈原当然是爱国主义诗人，但我们也要问：屈原的这种愚忠，值不值得？

后人创造了一个词语——"屈原人格"，来代指屈原的这种精神特质。在长达几千年的帝王专制时代，一个民族处在无所不在、无所不能的王权之下，除了"学成文武艺，货与帝王家"之外，没有其他的路可走，从而形成了中国知识分子特有的对权力的依附性，这是他们所有特征中最根本的部分。因此，一方面，我们赞美屈原的高洁品行；另一方面，我们也要听一下鲁迅的评价——鲁迅说，《离骚》无非是"不得帮忙的不平"（《从帮忙到扯淡》）。

屈原以美人香草自喻，向楚怀王表达他的耿耿忠心。他所有的痛苦都是源于他没有被权力接纳，反而遭到放逐，欲帮忙而不得。他上天入地、文采斐然的全部瑰丽诗篇中反复咏叹的，也就是这一点。屈原的悲剧命运仿佛预示了他身后两千多年中国知识分子的不幸命运，思之令人心伤。

好在，我们终于来到了 21 世纪，身处一个新的历史时代。告别这种"屈原人格"，获得自我的解放，也许不再是梦想。

第五讲
徒见金

昔齐人有欲金者，清旦衣冠而之市，适鬻金者之所，因攫其金而去。吏捕得之，问曰："人皆在焉，子攫人之金何？"对曰："取金之时，不见人，徒见金。"

（《列子》选段）

从前，齐国有个想得到金子的人。一天清早，他穿好衣服，戴好帽子，来到集市上，走到了卖金子的地方，抓了金子就走。官吏抓住了他，问他："人们都在场，你怎么敢抢人家的金子呢？"那人回答说："我抓金子的时候，根本没看到人，只看到了金子。"

这个寓言真好笑，阿老师每次看到，都会哑然失笑。后世用这个故事，来比喻利令智昏。但其实，当我们偏执于一点的时候，就会发生这样的事。因为，你所偏执的那一点，恰好遮蔽了你的视野，你就只看见你想看见的东西了。这道理，说深刻吧，也并不深刻，但我们经常身处其中，而不能自我觉察。

我们先来讲一下这篇短文里的几个字。

"鬻金者"，即卖金子的人；"鬻"就是卖。"攫"，抓取的意思；现在还有个词语，叫"攫取"。

这篇小文一共用了五个"之"，五个"之"却有三种不同的用法。我们顺便把"之"字的用法大略地说一说。

第一个"之"出自"清旦衣冠而之市"。"清旦"就是清晨、早上。"衣冠"，应该是动词，穿衣服、戴帽子的意思。这句话中的"之"是动词，往、到的意思。这是"之"字很重要的一个意思。

第二个"之"出自"适鬻金者之所"。这个"之"是助词，相当于"的"。

第三个"之"出自"吏捕得之"。这个"之"是代词，代指"欲金者"，可以翻译成"他"。

第四个之"之"出自"子攫人之金何"。这个"之"也是助词，相当于"的"，跟第二个"之"的用法相同。

第五个之"之"出自"取金之时"。这个"之"也是"的"的意思，跟第二个、第四个"之"的用法相同。

你看，短短一篇小文，却出现了"之"字的三种不同用法，"之"字分别作为代词、动词和结构助词。我们了解了这篇小文，就相当于了解了"之"字在文言中最主要的用法。

关于列子，历史上有没有出现过这样一个真实的人，到现在还是存疑的。一般我们认为他就是《庄子》里出现过的列御寇这个人。也有人认为，列子是介于老子与庄子之间的道家学派承前启后的重要人物，是老子和庄子之外的又一位道家学派代表人物。

《吕氏春秋·不二》里有对列子的评价："孔子贵仁，墨翟贵廉，关尹贵清，子列子贵虚……"

汉代刘向《列子新书目录》则记载："列子者，郑人也，与郑缪公同时，盖有道者也。其学本于黄帝老子，号曰道家。"刘向说，列子学的是黄老之学——"黄"就是黄帝，"老"就是老子。

《列子》这本书，多被归为道家典籍；跟先秦诸子的大多数论著类似，这本书一般被认为是由列子及其弟子、后学，历时很久才完成的一部著作。《列子》留给后人的、被谈及比较多的部分，就是寓言，书中有近百则寓言，如我们熟悉的《愚公移山》《两小儿辩日》《杞人忧天》《九方皋相马》等。

《庄子》里也有很多寓言。"寓言"一词，在我国古代最早见于《庄子·寓言》："寓言十九，重言十七，卮言日出。"《庄子·天下》中有言："以天下为沉浊，不可与庄语，以卮言为曼衍，以重言为真，以寓言为广。"《说文解字》对"寓"解释道："寓，寄也。"

因此我们也可以把寓言看作假托他人之言来阐发自己的见解。在《列子》中，对话类寓言占有很大比重。这样，作者才能更好地借助他人之口，阐述自己的观点。对话便也成为《列子》塑造人物形象的一种重要方法。

今天我们讲的这一则寓言，所揭示的道理显而易见：利令智昏、胆大妄为、自欺欺人！但其中还有更深的一层含义——"不见人，徒见金。"齐人对"金"的追求到了忘乎所以的地步，以至"一叶障目，不见泰山"。作者仅用数语即表现出这个齐人对"金"的赤裸裸的占有欲，一方面刻画了这个齐人极度贪婪的本性，另一方面也揭示了类似于我们如今所说的"灯下黑"的道理——近在眼前的，恰恰是自己未能察觉的——可谓神来之笔。

这个寓言也促使我们思考：这样"一叶障目，不见泰山"的行为，还少吗？有一句话是这样说的："在一个拿锤子的人眼中，所有的事物都像钉子。"一个人的视野真的不可以这么狭隘。你的所见与所知，不能变成你拓宽视野的障碍。

这个世界其实是很丰富的，除了金子以外，还有很多别的东西。就像毛姆的小说《月亮和六便士》所表达的：追逐梦想就是追逐自己的厄运，满地都是六便士，他却抬头看见了月亮。——你看，这句话多么好！满地都是六便士，大家都在地上捡钱，眼睛朝下，只有一个人，抬头看见了月亮。这跟"不见人，徒见金"，恰好形成鲜明的对比。

第六讲
与吴质书

　　昔年疾疫，亲故多离其灾，徐、陈、应、刘，一时俱逝，痛可言邪！昔日游处，行则连舆，止则接席，何曾须臾相失？每至觞酌流行，丝竹并奏，酒酣耳热，仰而赋诗，当此之时，忽然不自知乐也。谓百年已分，可长共相保，何图数年之间，零落略尽，言之伤心。顷撰其遗文，都为一集，观其姓名，已为鬼录。追思昔游，犹在心目，而此诸子，化为粪壤，可复道哉！

（曹丕《与吴质书》选段）

　　2019 年年底，一场突如其来的疫情，打乱了我们的日常生活。就目前[①]来看，全球疫情仍没有完全过去，但我们总体还比较有信心，相信曙光在前，走出疫情为期不远。医学昌明，虽然我们总免不了听到一些坏消息，但人类最终还是能够战胜疫情的。在这一点上，相信大家都会持比较乐观的态度。

但要是在古代，如果有这样的疾疫流行，其危害性就要大得多了：每一次瘟疫的流行，都会导致大量的人死亡。遇到严重的疫病，比如鼠疫、天花、霍乱等，真有某些地方全员覆灭的事情发生，这是非常可怕的。威廉·麦克尼尔在其名著《瘟疫与人》中，历数了人类与瘟疫相伴而生的历史。比如，公元前430年至前429年，雅典与斯巴达之战胜负难分，但一场来去无踪的瘟疫，使得雅典失去近四分之一的士兵，由此深刻改变了地中海世界后来的历史走向。这些瘟疫，在史书中，我们可以找到记载，从一些文学作品里，我们也可以知道概况。

因此，我们现在来读曹丕的这篇《与吴质书》，就会很有感触。从曹丕的字里行间，我们能猜测到，当时就有严重的瘟疫在流行。查考中国古代的瘟疫史，会发

① 本文成稿于2023年初。

现东汉末年是相当著名的一个时期。现代的学者根据史料考证，发现曹丕所处的时代流行的瘟疫主要是伤寒和鼠疫两种，这两种瘟疫导致当时民生萧条。曹操在诗歌里说"白骨露于野，千里无鸡鸣"（《蒿里行》），一则是讲战争频仍，二则也描述了瘟疫流行的后果。当时，在瘟疫肆虐下，很多上层社会的人也未能幸免，不少著名的文人学者死于非命，其中就有曹丕的文友。

这真是非常令人悲伤的事情。几天前大家还在一起饮酒赋诗，几天后，就有人染上瘟疫，去世了。人生无常，真是不可预料。看到自己的朋友们，那些才华横溢的文学家，接二连三地死去，曹丕就起意为他们编一本集子。

在编辑这些朋友的文稿时，曹丕很有感触，就给吴质写了一封信。那是建安二十三年，即公元218年。这封信情感真挚，特别有人生无常的感慨；另外，曹丕也借这封信对朋友的文学才华做出了公允的评价。

后世用"建安文学"这个词，来代指汉代建安年间的文学。其中最著名的文学创作者，当属"建安七子"，即孔融、陈琳、王粲、徐幹、阮瑀、应场、刘桢。这七个人，加上曹氏父子三人，代表了当时文学的最高成就。

当然，曹丕首先是个政治家，他于建安二十五年（220），结束了汉朝的统治，改国号为魏，自立为帝，尊曹操为魏武帝。

其次，曹丕也是一个很了不起的文学家，在文学上成就斐然，散文、诗歌、文学评论都非常了得。我们之前讲了他的《典论·论文》，今天再来读读他写给自己的好朋友吴质的信，当有所感。

吴质是谁？《三国志·魏志》中有一段关于吴质的记载："吴质，济阴人，以文才为文帝所善，官至振威将军，假节都督河北诸军事，封列侯。"裴松之注的《三国志》引《魏略》记："质，字季重，以才学通博，为五官将及诸侯所礼爱。"这个"五官将"，指的就是曹丕。由此可知，吴质因为自己出众的文采和才识得到了曹丕和其他公卿的赏识，后来曹丕和吴质两个人也成了很好的朋友。

吴质不仅因为才学盖世而使曹丕器重，更因为其在曹丕和曹植争夺世子之位中为曹丕尽心竭力地出谋划策，而被曹丕倚为臂膀。可以说，在世子之位的争夺中，曹丕最终胜出，吴质起到了很大的作用。两个人之间的深厚友谊，自始而终。

　　《与吴质书》这封信很长，这里仅仅节选了第二部分，阿老师先来把这大意讲一下：

　　"前一年疾疫流行，很多亲戚朋友遭受了不幸，徐幹、陈琳、应场、刘桢相继去世，我内心的悲痛怎么能用言语表达呢？过去大家在一起交往相处，外出时车子连着车子，休息时座位连着座位，何曾有片刻分离！每当我们互相传杯饮酒的时候，丝竹管弦便一齐伴奏，酒酣耳热之际，我们又仰头吟诵自己新作的诗篇。当沉醉在欢乐中的时候，恍惚间我从未觉得这是难得的欢愉。我以为百年长寿，每人都能享有，我们可以长久地相聚在一起，怎想到几年之间，朋友们就相继离世了！一想到这里，我就非常痛心。近来我编订他们的遗著，汇成一本集子；他们的姓名，已经在阴间死者的名册上了。过去交往甚欢的日子还历历在目，而这些好友都已化为粪土，我又怎么忍心再说呢？"

　　建安时期，三国鼎立，战争频仍，人命朝不保夕。这本来就已经够使人感慨了，再加上灾荒、瘟疫，真给人一种人生无常的感觉。前几天还在一起饮酒赋诗的朋友，没多久竟然就天人永隔。

　　曹丕的几个朋友，基本上都是因病而死的。建安二十二年（217）春，徐幹染疾去世，王粲于随军途中病卒，冬天瘟疫流行，陈琳、应玚、刘桢染疾而死。一年之内，"建安七子"中有五位死于疾疫，这对曹丕震动很大，促使他开始思考人生的意义和价值。

　　人的生命如此脆弱，短短的一生，究竟有什么价值和意义呢？尤其是此时此刻，我们更要追问这个问题。有思想、会思考的文学家们，总是最敏感的，会首先思考这个问题。因此曹丕在《典论·论文》里就说，"年寿有时而尽，荣乐止乎其身，二者必至之常期，未若文章之无穷"。文学，成为赋予空虚的人生以价值和意义的东西。

　　这也是为什么我们要在这个时代来重读《与吴质书》。人生，有时候很艰难。我们可能会碰到各种状况，比如灾荒，比如疾疫，比如经济萧条，等等。我们的人生，未必都一帆风顺，也许会在某些时候遭遇苦难，就像这些古人所遭遇的那样。

　　那么，我们怎么办？我想，我们要配得上我们所遭遇的苦难，就像阿老师喜欢的扎加耶夫斯基的诗歌所说的，"尝试赞美这残缺的世界"（《尝试赞美这残缺的世界》)。这个世界，不全流淌着奶和蜜，这个世界，可能有很多残缺，但我们仍要赞美这个世界，亲历、观察、记录，以及像曹丕这样说出来。人同此心，心同此理，这是人类的同情心之所在。

也许，将来也会有人书写、记录这个时代。那么，我们的感受是怎样的，又如何能以最贴近真实的方式流传后代呢？曹丕说："昔日游处，行则连舆，止则接席，何曾须臾相失？每至觞酌流行，丝竹并奏，酒酣耳热，仰而赋诗，当此之时，忽然不自知乐也。谓百年己分，可长共相保，何图数年之间，零落略尽，言之伤心。"可是，转眼之间："观其姓名，已为鬼录。追思昔游，犹在心目，而此诸子，化为粪壤，可复道哉！"

内心的沉痛，无法说尽。而在这些感慨之中，对人生意义的追问已经展开了。

第七讲
与山巨源绝交书

夫人之相知，贵识其天性，因而济之。禹不逼伯成子高，全其节也；仲尼不假盖于子夏，护其短也；近诸葛孔明不逼元直以入蜀，华子鱼不强幼安以卿相，此可谓能相终始，真相知者也。足下见直木不可以为轮，曲木不可以为桷，盖不欲枉其天才，令得其所也。故四民有业，各以得志为乐，唯达者为能通之，此足下度内耳。不可自见好章甫，强越人以文冕也；己嗜臭腐，养鸳雏以死鼠也。吾顷学养生之术，方外荣华，去滋味，游心于寂寞，以无为为贵。纵无九患，尚不顾足下所好者。又有心闷疾，顷转增笃，私意自试，不能堪其所不乐。自卜已审，若道尽途穷则已耳。足下无事冤之，令转于沟壑也。

（嵇康《与山巨源绝交书》选段）

自从有了网络社交，就有了"拉黑"这个说法。我们都有过跟某个朋友不再要好的经历吧？友谊的小船，说翻就翻。不再要好了，赌咒发誓："我再也不跟你玩儿了。以前我给你的礼物，都给我还回来。"

我们以为这是小朋友做的可笑的事情，其实，大人也一样。大人之间的绝交，所在多有，而且也并不高级。尤其是在网络社交时代，绝交似乎就更多了，要么删除好友，要么"拉黑"。总之，因为对某件事观点不一，遂至老死不相往来的情形很多见。所以阿老师现在一般不在"朋友圈"表达激烈的观点，这也是为了维护我跟一些熟人的"塑料友谊"。

古人也有绝交之举。但是有些古人的绝交，格调略高。为什么？因为他们有底线。有的绝交还被传为佳话，比如嵇康与山涛绝交，他的绝交信就写得洋洋洒洒、气度不凡。

对于嵇康，我们已经很熟悉了。向秀写了一篇《思旧赋》，怀念的旧人，就是嵇康。今天我们来讲嵇康写给山涛的绝交信。

山涛、嵇康都是"竹林七贤"中的人物。他们是好朋友，一起喝酒赋诗，为什么会闹到非绝交不可呢？这其实跟山涛和嵇康的政治立场不同有关。

我们知道，嵇康是曹家的女婿，而山涛则是司马氏政权的大官。在司马氏篡权的过程中，山涛也出了力。因此，嵇康对山涛，本来就已经不满了。

山涛也是一个很大气的名士，当时就有人称赞他的品格"如璞玉浑金"。与阮籍、嵇康不同的是，他有名士观念却不激烈，与朝廷、与礼教、与前后左右的各色人等，他都能保持一种温和友好的关系。但他并不庸俗，又忠于友谊，有长者风，是一个很靠得住的朋友。他当时担任了一个很大的官职——尚书吏部郎，马上要升任散骑常侍，朝廷便让他推荐一个合适的人继任，他真心诚意地推荐了嵇康。但是，这个朝廷是谁的朝廷？司马氏的朝廷。嵇康宁可在乡下打铁，也不会去当官的。而且他非但不去当官，还勃然大怒，写了一封长信，要跟山涛绝交。这就是《与山巨源绝交书》的来历。

所选的这个片段，是这封绝交信的后半部分，主要是在指责山涛。我来解释一下：

"人与人之间成为好朋友，重要的是要了解彼此的本性，然后成全对方。夏禹不强迫伯成子高出来做官，是为了成全他的节操；孔子不向子夏借伞，是为了掩饰子夏的缺点；近世的诸葛亮不逼迫徐庶投奔蜀汉；华歆不硬让管宁接受卿相的位子。这些人可以说始终如一，是真正相互了解的。您看直木不可以作车轮，曲木则不能当椽子，这是因为人们不想改变它们的本性，而要让它们各得其所。所以士、农、工、商都有各自的专业，都以实现自己的志向为乐，这一点只有通达的人才能理解，这应该是在您的意料之中的。不能因为自己喜爱华丽的帽子，就勉强越地的人也去戴它；自己嗜好腐烂发臭的食物，就用死了的老鼠来喂养鹓雏。我近来正在学习养生的方法，正疏远荣华，摒弃美味，心情安静恬淡，追求'无为'的最高境界。即使没有上面所说的'九患'，我对您所爱好的那些东西也不屑一顾。我有心闷的毛病，近来病情加重，自己想了想，我是不能忍受做自己不乐意的事的。我已经考虑明确，如果无路可走也就算了。您不要来勉强我，使我陷于走投无路的绝境。"

这段话，"骂"人也算很厉害了，不带脏字，"骂"得很高超。你看，嵇康批评山涛"已嗜臭腐，养鹓雏以死鼠也"，言辞辛辣刻薄，把绝交之意表达得淋漓尽致。

后代李商隐的诗句"不知腐鼠成滋味，猜意鹓雏竟未休"，跟嵇康的这句异曲同工。

嵇康这个人就是这样，锋芒毕露，眼睛里容不得沙子，但这最终为他引来了杀身之祸。这一节，我们在《思旧赋》里已经讲过了。

那么，山涛收到这封信后，又怎么样呢？我们不知道山涛读完信后是什么反应，值得玩味的是，嵇康被处死前既没有把一双儿女托付给哥哥嵇喜，也没托付给志同道合的好友阮籍，而是托付给了已经绝交的山涛。《晋书·卷四十三·列传第十三》记载，嵇康临刑前对儿子嵇绍说："巨源在，汝不孤矣。"这句话的意思："有山涛在，你不会成为孤儿。"这就是"嵇绍不孤"的由来。

更令人惊讶的是，山涛果然不负嘱托，最终将嵇康的儿女养大成人。后来，嵇绍在山涛的举荐下，还成了一代名臣。

嵇康与山涛，一个忠心于曹魏，一个效力于司马氏，他们实际上只是立场、政见不同而已。嵇康用最刻薄的语言痛骂山涛，实则是爱之深、责之切。同样是绝交书，写给吕巽的那封，嵇康却不屑多费笔墨。在嵇康心中，山涛永远是最值得托付的朋友；而在山涛心中，嵇康永远是最值得怀念的知己。他们虽绝交于江湖，却相知于内心。

什么叫光风霁月、襟怀坦荡？这就是。

阿老师不像"竹林七贤"那么光明磊落，但是心里也好生敬佩这些贤者，对于交友这件事，也向他们看齐。四十岁之后，阿老师就很少再交新朋友了，当然，我指的是成年人的新朋友，小朋友还是交的，而且越交越多。

但是在我几十年的成长过程中，确实也有一些曾经的朋友，现在不来往了，因为"道不同，不相为谋"。就像暗夜行路，一拨人走着走着，渐渐就有人离开了。但阿老师秉持一个原则，就是君子绝交，不出恶声。以前是朋友的，现在不是了，阿老师也绝不说这个人的坏话。这是我的一种小小的坚持。

第八讲
归去来兮辞

归去来兮，田园将芜胡不归？既自以心为形役，奚惆怅而独悲？悟已往之不谏，知来者之可追。实迷途其未远，觉今是而昨非。舟遥遥以轻飏，风飘飘而吹衣。问征夫以前路，恨晨光之熹微。

（陶渊明《归去来兮辞》选段）

《归去来兮辞》其实篇幅甚长，有序言，有正文，值得全文精读。之前我们讲《五柳先生传》，讲了几个人物故事，没有好好欣赏陶渊明的文章。今天呢，我们以《归去来兮辞》正文的第一段为例，来聊聊这篇文章的文学价值和思想价值。

《归去来兮辞》，以文体而言，属于辞赋。辞赋起源于战国时代。汉朝人收集屈原、宋玉等人所作的赋，称其为楚辞，后人泛称赋体文学为辞赋。也就是说，辞赋不单单指屈原、宋玉等人写的，后人所作体裁相近者，都被叫作辞赋。

在文体上，辞赋的特征非常明确，一般而言有以下四个。

第一个特征，辞赋语句以四、六字为主，追求骈偶，就是我们讲《答谢中书书》时说过的"骈四俪六"，讲究对偶。

第二个特征，在语音上，辞赋有声律和谐的要求。比如句中要平仄相间，句末要有押韵，类似于诗歌的韵律。

第三个特征，就是在修辞上，辞赋讲究藻饰和用典。什么叫藻饰？大意就是辞藻很讲究，有各种修辞手法。什么叫用典？就是用到很多典故。我们讲过的《滕王阁序》，也有辞赋的特质，其中就用到很多典故。

第四个特征，在内容上，辞赋多侧重于写景，讲究借景抒情。

这几个特征，在陶渊明的《归去来兮辞》里，表现得很突出。我们以第一段为例。这一段从声律上来讲，是押韵的。什么叫押韵？这个词我们不是第一次提到，阿老师在这里详细地解释一下。创作诗词曲赋等韵文时，在句末或联末，用同韵的字相押，就叫作押韵。

举个例子——大家熟悉的杜甫的《绝句》：

两个黄鹂鸣翠柳，一行白鹭上青天。
窗含西岭千秋雪，门泊东吴万里船。

这首七言绝句，第二句和第四句末字押韵，"天"和"船"，押"an"这个韵母。

再举一例——李白的《黄鹤楼送孟浩然之广陵》：

故人西辞黄鹤楼，烟花三月下扬州。
孤帆远影碧空尽，唯见长江天际流。

第一句、第二句、第四句末字押韵。"楼""州""流"，押"ou"这个韵母（"iu"也是押韵的）。

那这篇《归去来兮辞》押韵吗？如何押韵？我们来找一下。

你看，"归""悲""追""非""衣""微"，都是押韵的。每一个问号或者句号前面的那个字，都是押韵的。

　　押韵有什么好处呢？好处就在于念起来很有韵律感。就像我们现在的歌曲，歌词都是要押韵的，唱到一个拖音的时候，特别婉转。我们来看一首儿歌——《歌声与微笑》的歌词：

> 请把我的歌带回你的家
> 请把你的微笑留下
> 明天明天这歌声飞遍海角天涯
> 飞遍海角天涯
> 明天明天这微笑将是遍野春花
> 将是遍野春花

　　你哼唱一遍，自然就找到了韵脚。

　　再来看句式。我们发现，选文中几乎每一组句子，都是对仗的。

> "悟已往之不谏，知来者之可追。"
> "实迷途其未远，觉今是而昨非。"
> "舟遥遥以轻飏，风飘飘而吹衣。"
> "问征夫以前路，恨晨光之熹微。"

句式非常整齐，念起来朗朗上口。这就是辞赋的魅力。因此，我一直有个主张——当然前提是自己喜欢——我们觉得某篇文章特别好，想要背出来，但背诵古文其实很吃力，那就可以先从一些浅近的辞赋开始练习古文背诵，辞赋因为有自己内在的节律，所以背诵起来容易多了。就像我们记歌词，要比背诵散文简单得多。

阿老师来讲一下这篇辞赋的背景。东晋安帝义熙元年（405），陶渊明弃官归田，作《归去来兮辞》。陶渊明29岁第一次出仕，他一直厌恶官场，向往田园生活。义熙元年，陶渊明41岁，最后一次出仕，做了80多天的彭泽令，便辞官回了家，此后便再也没有出来做官。据《宋书·陶潜传》和萧统《陶渊明传》，陶渊明归隐是出于对森严的官场等级，以及腐朽的社会现实的不满。当时郡里的一位督邮来彭泽巡视，要陶渊明束带迎接以示敬意。他气愤地说："我不能为五斗米折腰向乡里小人！"（《宋书·陶潜传》）当日他挂冠去职，并赋《归去来兮辞》，以明心志。

"不为五斗米折腰"就此成为一个名句，一直为后人所传诵，它表现了陶渊明高洁的情操。但其实，辞官归隐，也不失为一种自我保全。因为，在陶渊明的时代，战争频仍，官场倾轧也很严重。陶渊明生性热爱自由，厌恶束缚，终于选择归隐。

但是，归隐后陶渊明的日子也不好过。他本来就很穷，不当官了，没了薪水，就更穷了。而他又喜欢喝酒，没有钱买酒，只好到处讨酒喝。他的诗歌里经常讲到他到处要酒喝的事。

比如《乞食》一诗中写道：

> 饥来驱我去，不知竟何之。
> 行行至斯里，叩门拙言辞。
> 主人解余意，遗赠岂虚来。
> 谈谐终日夕，觞至辄倾杯。

但归根到底，陶渊明还是喜欢这样的隐居田园的生活的。你看陶渊明《饮酒·其五》这首诗，其中抒发的田园之乐，那种心境的平静与自由、内在世界的安宁和与世无争，让我们千年之后读来仍然心向往之。

> 结庐在人境，而无车马喧。
> 问君何能尔？心远地自偏。

采菊东篱下，悠然见南山。

山气日夕佳，飞鸟相与还。

此中有真意，欲辨已忘言。

　　"采菊东篱下，悠然见南山"，这句子一出来，就不会再磨灭了，陶渊明也因此被看作中国田园诗派的鼻祖。

第九讲
宋定伯

　　南阳宋定伯年少时，夜行逢鬼。问之，鬼言："我是鬼。"鬼问："汝复谁？"定伯诳之，言："我亦鬼。"鬼问："欲至何所？"答曰："欲至宛市。"鬼言："我亦欲至宛市。"

　　遂行数里，鬼言："步行太迟，可共递相担，何如？"定伯曰："大善。"鬼便先担定伯数里。鬼言："卿太重，将非鬼也？"定伯言："我新鬼，故身重耳。"定伯因复担鬼，鬼略无重。如是再三。定伯复言："我新鬼，不知有何所畏忌。"鬼答言："惟不喜人唾。"于是共行。道遇水，定伯令鬼先渡，听之，了然无声音。定伯自渡，漕漼作声。鬼复言："何以有声？"定伯曰："新死，不习渡水故耳，勿怪吾也。"

> 　　行欲至宛市，定伯便担鬼著肩上，急执之。鬼大呼，声咋咋然。索下，不复听之。径至宛市中下著地，化为一羊，便卖之。恐其变化，唾之。得钱千五百，乃去。
>
> （干宝《搜神记》选段）

　　这个故事挺好玩的。

　　有个人叫宋定伯，是南阳人，他年少时晚上赶路，碰到了一个鬼。宋定伯就问他："你是谁？"鬼说："我是鬼。"然后鬼反问宋定伯："你又是谁？"宋定伯骗他，说："我啊，我也是鬼啊。"鬼接着问："你要去哪里啊？"宋定伯说："我要去宛市。"鬼说："啊，这么巧，我也要去宛市啊。"

　　他们一起走了数里地。鬼说："步行太慢了，我们互相背着走吧，怎么样？"宋定伯说："太好了。"于是鬼先背宋定伯走了几里地。鬼说："你怎么这么重，你不是鬼吗？"宋定伯说："我是新鬼，所以身子很重。"接着换宋定伯背这个鬼，这鬼一点重量也没有。像这样，他们一路上互相背了好几次。

宋定伯又说："我是新鬼，不知鬼都害怕什么。"鬼回答说："只是不喜欢人的唾沫。"接着他们一起走，路上遇见一条河。宋定伯让这个鬼先渡河，鬼渡河一点声音也没有。宋定伯自己渡河，发出了稀里哗啦的声音。鬼说："你怎么声音这么大？"宋定伯说："我是新鬼啊，不习惯渡河，你不要怪我。"

快到宛市的时候，宋定伯就把鬼背在肩膀上，紧紧抓住了他。鬼挣扎着想要下来，但宋定伯不听他的。到了宛市，宋定伯把鬼放在地上，鬼变成了一只羊，宋定伯就把这只羊给卖了。他怕这个鬼变化，就用唾沫吐他，让他变不了。卖羊得了 1 500 文钱后，宋定伯就走了。

这是一个鬼故事。我们知道"子不语怪力乱神"（《论语》），可为什么在古文选读中，突然出现了一个鬼故事？那是因为，这个鬼故事，其实很有名，也很有来历。

这个故事出自干宝的《搜神记》。干宝是东晋的文学家、史学家，新蔡（今河南省新蔡县）人，自幼博览群书，出仕后曾担任佐著作郎；东晋建立后，负责国史《晋纪》的撰写；后被王导提拔为司徒右长史，升任散骑常侍。咸康二年（336），干宝去世。

　　《搜神记》是一部记录古代民间传说中神奇怪异故事的小说集，在中国小说史上有着极其深远的影响，干宝被称作"中国志怪小说的鼻祖"。原本《搜神记》已经散佚了，现在的版本是后人缀辑增益而成的，共20卷，有464个故事；主角有鬼，也有妖怪和神仙，杂糅佛道，所记多为神灵怪异之事，也有一部分属于民间传说。

　　《搜神记》大多篇幅短小，情节简单，设想奇幻，极富浪漫主义色彩。其中《干将莫邪》《李寄》《韩凭夫妇》《吴王小女》《董永》等，都是我们后人非常熟悉的故事，它们多被改编，成为很多艺术作品的母本。

　　《搜神记》的写法，对后世的文学创作影响深远，如关汉卿的《窦娥冤》、蒲松龄的《聊斋志异》、神话戏《天仙配》等许多传奇、小说、戏曲，都和它有着密切的联系。如果没有《搜神记》，蒲松龄的《聊斋志异》恐怕就没了创作的依据。

　　我们今天讲的这个故事，只是《搜神记》中诸多故事里的一个。这个故事真的很有趣，把宋定伯的胆大机智描绘得生动传神。同时我们发现，原来，鬼也有很蠢的、一点也不可怕的时候。

阿老师现在是一个无神论者，但小时候，我却听过很多鬼故事，大多数鬼故事都很可怕。小时候，我住在乡下，最沉迷的一件事，就是坐在晒谷场边上，一边纳凉，一边听长辈讲故事。那时候跟现在不一样，没有电视，没有电子产品，大人给我们讲故事，就是夏夜最重要的娱乐方式。

这也是阿老师那么喜欢民间故事的原因。为什么我现在会变成一个写作者呢？小时候那些故事的魅力，久久扎根在我的心底，这是非常重要的一个动因。

我至今仍深深记得，那些恐怖的故事如何让我又恐惧又沉迷：一方面，我被吓得要死；另一方面，我又被深深吸引。就在这样的经历中，阿老师慢慢成长为现在这样一个人。成年后，我也尝试过创作一些虚构的故事，有传奇性质的，也有恐怖性质的。但那都是阿老师年轻时写的，都没有发表过。阿老师还有一个理想：等我再老一点，可以不像现在这样做一个儿童服务者了，有自己的时间了，我就要把年轻时写过的那些虚构故事，重新写一遍。

当然，现在绝大多数人不相信鬼神，但是鬼神故事却一直很有市场。为什么呢？因为这里面有巨大的未知，而人类对于未知的世界，永远有着无穷的好奇心。这种好奇，是我们的本性；好奇，推动了人类文明的发展。

对于未知世界的好奇，促使我们以各种方式去探究，比如文学创作。因为那是一个未知世界，所以我们就可以去虚构，像神话故事、鬼故事，都是我们对未知世界的一种猜想。哪怕是现在很流行的科幻作品，也是对未知世界的一种探索。

而另一种对未知世界的探索，则通过科学的方式来实现。比如，对辽阔的宇宙，我们总是想去了解其奥秘。人类自身的奥秘、社会运作的规律等，对它们的探索，都是受我们的好奇心所驱动的。

虽然今天阿老师讲了《搜神记》里的一个鬼故事，但阿老师仍是一个科学主义者，这两者并不矛盾，你说对吗？

第十讲
文赋

余每观才士之所作，窃有以得其用心。夫放言遣辞，良多变矣，妍蚩好恶，可得而言。每自属文，尤见其情，恒患意不称物，文不逮意，盖非知之难，能之难也。故作《文赋》，以述先士之盛藻，因论作文之利害所由，他日殆可谓曲尽其妙。至于操斧伐柯，虽取则不远，若夫随手之变，良难以辞逮。盖所能言者，具于此云。

（陆机《文赋》选段）

陆机（261—303），字士衡，西晋著名文学家、书法家，出身吴郡（今江苏南部、浙江北部一带）陆氏，为孙吴丞相陆逊之孙、大司马陆抗第四子，与其弟陆云合称"二陆"。

陆机的爷爷陆逊是很厉害的。看过《三国演义》的人，一定都知道陆逊。他是东吴名将，曾经击败关羽，取得了荆州，后来又在夷陵之战中击败了刘备。我在读《三国演义》的时候，觉得诸葛亮料事如神，天不怕地不怕，唯一能让他忌惮三分的，就是陆逊了。

这个陆机，是陆逊的孙子，那他自然是世家子弟。他自小饱读诗书，南朝的钟嵘在其《诗品》里写道："陆才如海，潘才如江。"意思是陆机的才华像大海，潘岳的才华像大江。有个形容一个人有才华的词语，就叫"陆海潘江"。被形容为"陆海潘江"的人，恐怕都会得意好一阵子。

陆机先是在孙吴当官，孙吴亡国后出仕西晋。西晋太康十年（289），陆机、陆云来到洛阳，文才倾动一时，受太常张华赏识。这个张华，我们之前其实也提到过，《滕王阁序》里有一句话，"龙光射牛斗之墟"，说的就是张华找到宝剑的故事。张华是当时的文坛领袖，他极其看重陆机。在张华的引荐之下，陆机文名大盛。

陆机文名受到称颂，但他并不是那种特别自负的人，他会赞赏别人的才华，也很谦逊。"行家一伸手，便知有没有"，才华这个东西，在专业人士那里，是不能造假的。

我们来讲一个跟陆机有关的"洛阳纸贵"的故事。

西晋初年，陆机曾想撰写《三都赋》。当时，他听说出身寒门的左思在写《三都赋》，就跟弟弟说，这人写的东西只配用来盖酒缸。但当左思历时十年完成了《三都赋》时，"豪贵之家，竞相传写，洛阳为之纸贵"（《晋书·左思传》）。什么意思？这个左思的《三都赋》写完之后，洛阳所有的豪门都在传抄，导致洛阳的纸张都涨价了。这就是"洛阳纸贵"一词的来历。因为，西晋时还没有印刷术，雕版印刷术要到唐朝才被发明出来，活字印刷术则要等到宋朝，所以，在陆机那个时代，有好文章出来了，读者要传看，就只好手抄。手抄会抄错，有笔误。这也是我们的一些古书，经常会有不同的版本的原因之一。

此外，在西晋时期，因为东汉的蔡伦改进了造纸术，可以用廉价的芦苇、毛竹之类的东西造纸，所以纸张已经不像以前那么昂贵了，但也仍然是稀缺品，大家都去买纸，街市上的纸张供应不及，一时腾贵，也是可能的。这就是"洛阳纸贵"的原因。

陆机本来不以为意，但他读完左思的《三都赋》之后，真心折服，赞叹不已，便将自己的《三都赋》手稿烧了，以示辍笔。后代便有了"陆机辍笔"的典故。

我们来把《文赋》中的选段解释一下：

"我每次阅读那些有才气的作家的作品，都能体会到他们创作时的所有心思。诚然，作家的行文变化无穷，但文章的美丑、好坏还是可以分辨并加以评论的。自己写作时，尤其能体会到别人写作的甘苦。作者经常苦恼的是，意念不能正确反映事物，语言不能完全表达思想。这个问题，大概倒不是难以认识，而是难以解决。因此我作《文赋》，借评前人的优秀作品，来阐述怎样写有利、怎样写有害的道理。或许可以说，前人的优秀之作，已把为文的奥妙委婉曲折地体现了出来。至于前人的写作诀窍，则如同比着斧子做斧柄，虽然样式就在眼前，但那得心应手的熟练技巧，却难以用语言表达详尽。大凡能用语言说明的，我都写在这篇《文赋》里了。"

陆机写《文赋》，其实关键的句子只有一句，就是我们在写作时经常会遇到的情况："恒患意不称物，文不逮意。"

　　每一个写作者，其实都会有这样的感慨。这也是我们要读《文赋》的原因之一。陆机就用这样一篇文章，谈论了如何写出一篇好文章，以及什么样的文章才是一篇好文章。

　　那么，这篇《文赋》的价值何在呢？我们发现，在魏晋之前是没有人谈论文学理论的。可是，就在陆机所处的这个时代的前后，密集地出现了专门讨论文学理论的著作。前面我们讲了曹丕的《典论·论文》，后面我们还要讲刘勰的《文心雕龙》。那么，读者朋友，你觉得这是为什么呢？

　　因为在秦汉以前，乃至秦汉时代，文学基本还没有独立的地位，文学是作为经学、史学的附庸而存在的。换言之，魏晋之前没有所谓文学的说法，就算是《诗经》，也要挂上"言志"的名义来表示道德教化。

　　有关文学的注重形式、审美观念等艺术特征，在魏晋之前是不受重视的。曹丕的《典论·论文》开启了文学在历史上的独立地位——"盖文章，经国之大业，不朽之盛事。"到了陆机的《文赋》，则从审美和技巧上对文学提出了明确的要求，一则承袭了曹丕的文体分类，二则有所改进，并且影响了刘勰的《文心雕龙》这本批评专著，从而建立起完整的文学批评系统。就这一点来看，陆机的《文赋》实在具有承前启后的地位。

因此，我们今天来谈论《文赋》，意义和价值何在？也许可以这么说，陆机在这里提出了文学本身的高下标准，为我们的文学审美建立起了一个独立的评价系统。而这一点，古代乃至现代中西方，仍在不断地争论。

第十一讲
神思

古人云："形在江海之上，心存魏阙之下。"神思之谓也。文之思也，其神远矣。故寂然凝虑，思接千载；悄焉动容，视通万里。吟咏之间，吐纳珠玉之声；眉睫之前，卷舒风云之色：其思理之致乎！

（刘勰《文心雕龙》选段）

这是我们第三次讲文论。第一次是讲曹丕的《典论·论文》，第二次是讲陆机的《文赋》。第三次，我们选了刘勰的《文心雕龙》。

刘勰是南朝时期的著名文学理论家。《文心雕龙》是他创作的一部理论系统、结构严密、论述细致的文学理论专著，成书于南朝齐和帝中兴元年至二年

（501—502）间。它是中国文学理论批评史上第一部有严密体系的、"体大而虑周"（章学诚《文史通义·诗话》）的文学理论专著。

什么叫"文心雕龙"？阿老师是这样理解的：写作所要用到的心思，就像雕龙那么复杂而机巧。因为雕龙是一种很复杂、很精密、需要极高艺术水准的技艺，而写文章呢，也是如此，需要极为高超复杂的技艺。

也因为有"雕龙"这么一说，后世有些诗人，就把自己的写作过程戏称为"雕虫"。有个成语，叫作"雕虫小技"，用来指称人们所轻视的一些技艺，也用来自谦。"诗鬼"李贺在《南园十三首·其六》中写道：

> 寻章摘句老雕虫，晓月当帘挂玉弓。
> 不见年年辽海上，文章何处哭秋风？

李贺是个诗人，身体也不好，但他很鄙视自己的事业，老想着从军去建功立业，所以就把自己写文章的事业，叫作"寻章摘句老雕虫"。但是阿老师并不这么看。我们每个人，都要找到自己最喜欢也最适合的那件事去做，不一定非得去从军，建立军功。阿老师觉得，从事创作也是很有意思的。我就愿意一辈子这样度过，即便这仅仅被李贺看作"雕虫小技"。

我们来解释一下《文心雕龙》中的选段。

古人说："身体在江海边上，心神却系念着朝廷。"这里说的就是想象。写作的构思，其想象往往飞向遥远的地方。故而作家默默凝神思考之时，就会想象到千年之前的生活；他悄悄地改变面部表情时，眼睛似乎看见了万里之外的情景；他吟咏文章时，好像听到了珠玉一样悦耳的声音；他眼睛闪动时，他的眼前就出现了风云变幻的景色。这难道不是构思造成的吗？

这段话出自《神思》，《神思》是《文心雕龙》的第二十六篇，主要探讨艺术构思问题。

什么叫构思？老师经常会这么说："写作文，先要构思。"构思就是在动笔之前，先想好一个整体的思路：你打算怎么写？这个观点，在1 500多年前，刘勰就已经提出来了。

学生在学校里从小就要学习写作。随着时代的变迁，我们发现，一个人的写作能力变得越来越重要。现代人如果去求职，会发现能写作和不能写作的差别是很大的。因此从小让自己喜欢写作，并且练好写作的技艺，对我们的一生都很有帮助。阿老师本人，就是这么一个靠着对写作的热爱而成长起来的大人。

可是我们在练习写作的时候，经常会遇到一些问题，比如老师经常说的一些缺点：泛泛而谈，流水账，不知所云，"脚踩西瓜皮，滑到哪里算哪里"……这些写作上的毛病，大多就是构思不到位导致的。尤其是"脚踩西瓜皮，滑到哪里算哪里"，完全就是没有整体构思和布局，提笔就写，写之前没想好往哪个方向写。

我们读刘勰《神思》这个片段就可以知道，构思有多么重要。刘勰说：

> "故寂然凝虑，思接千载；悄焉动容，视通万里。吟咏之间，吐纳珠玉之声；眉睫之前，卷舒风云之色：其思理之致乎！"

有时我们动笔想要写点什么，还没落笔时，已经在脑中有了大致的框架，已经"思接千载""视通万里"了，这就是构思。这是特别重要的，可谓写作的关键之一；一定要有构思，才可能写出一篇完整、优质的文章。

怎么构思呢？我觉得简单来讲，可以分三步。

第一步，拿到文题，在落笔之前一定要先思考你想在这个文章里表达什么观点。这是最重要的。你之所以写文章，肯定是因为有想法要表达。你自己得先知道想要表达什么，这就是立意。没有想法，没有想要表达的东西，根本就不用写文章，对吧？

第二步，你想通过怎样的叙述方式，讲述你的想法？这就是结构的问题。你打算开门见山呢，还是迂回曲折？打算利用什么样的案例，来论证你的观点？这些就是结构性的问题，也很重要，说到底，写作的能力就是结构的能力。结构的能力，就是一种抽象的能力。

第三步，才是语言表达的技巧，比如词汇，比如修辞，诸如此类。如果是写议论说理的作品，要采用合适的话语方式，把你想说的道理，说得让人易于接受。如果是写虚构类作品，就需要合理安排情节、细节等，来使你的文章更引人入胜。

以上三步，对应了古人所说的义理、考据、辞章；三者俱佳，才是一流的文章。

因此，我们现在来读 1 500 多年前的文艺理论，对我们的写作，还是有一定帮助的。当然，我们这是古文课，不是专门的写作课。以后有机会，我们可以好好聊聊写作这件事。毕竟，阿老师也是一个写作者。

第十二讲
师说

古之学者必有师。师者，所以传道受业解惑也。人非生而知之者，孰能无惑？惑而不从师，其为惑也，终不解矣。生乎吾前，其闻道也固先乎吾，吾从而师之；生乎吾后，其闻道也亦先乎吾，吾从而师之。吾师道也，夫庸知其年之先后生于吾乎？是故无贵无贱，无长无少，道之所存，师之所存也。

（韩愈《师说》选段）

今天是我们第一次讲韩愈，所选文章《师说》，是他最著名的文章之一。这篇文章主要讲的是从师学习的道理，对师者这个身份，韩愈给出了自己的定义："师者，所以传道受业解惑也。"这个定义，到现在我们还在引用。

阿老师把这段话的大意讲一下。

自古以来，求学的人，一定有老师。老师，就是传道、授业、解惑的那个人。人不是生下来就知道知识道理的，谁能没有疑惑呢？有了疑惑，却不去从师学习，那么，他的疑惑一定是解决不了的。比我们生得早的人，他听闻道理本来就比我们早，我们跟从他，向他学习；比我们出生晚的人，他听闻道理若是也比我们早，我们也跟从他，向他学习。我们学习的是道，难道一定要知道他比我们生得早还是晚吗？所以，无论尊贵还是卑贱，无论年长还是年少，道存在于哪里，老师就存在于哪里。

这里表达了韩愈特别开放的一种学习态度，令我想起我们曾引用过的古希腊哲学家亚里士多德的名言："吾爱吾师，吾更爱真理。"真理在谁那里，就应该向谁学习。

这本来是一个常识，孔子就说过："三人行，必有我师焉。"孔子本人也是非常虚心求教的。可是到了韩愈所在的时代，为什么这会变成一个问题，需要韩愈特别写一篇文章来重申这个常识呢？

　　这篇文章的时代背景，大致在公元 801 至 802 年，即唐朝贞元十七年到十八年。韩愈当时在京城担任国子监四门博士。国子监四门博士是个什么职位呢？国子监相当于国家公办的学校，京城官员的孩子一般会被送到国子监去读书；而四门博士，就是政府指定的老师，是一个七品的官职。

　　来到国子监上任后，韩愈发现这里弊端重重。大家想，这些学生都是官员的孩子，本来他们就占尽了资源优势，即便不好好学习，也很有可能飞黄腾达，那读书这么苦、这么累的事，谁还愿意费心呢？而出身平民家庭的孩子，因为进阶困难，很多人对科举入仕失去了信心，所以放松了学业。

　　还有，当时的上层社会风气奢靡，看不起教书之人，在士大夫阶层中存在着既不愿求师，又"羞于为师"的观念，这也直接影响了国子监的学风。

　　针对这些时弊，韩愈写了这篇《师说》。可以说，这是有的放矢的一篇文章。当然，一篇文章未必能起到什么样的作用，但韩愈是一个身体力行的人，他先是担任四门博士，后来又成为国子监祭酒，广收学子，奖掖后进，有力地改善了当时从师学习的风气。他力举李翱、孟郊等人，说"大凡物不得其平则鸣"（《送孟东野序》）。而在《进学解》一文里，韩愈写出了"业精于勤，荒于嬉；行成于思，毁于随"的名句。

但也因为性格耿直，韩愈在官场上一直郁郁不得志。我们从他的生平讲起。

韩愈从小过得很不好，三岁时父亲就去世了，他由哥哥韩会抚养。不幸的是，韩会在韩愈九岁的时候也去世了。韩愈最后是由他的嫂子养大的，跟他的侄儿——韩会的儿子，小名叫十二郎——一起长大。但是很不幸，十二郎也壮年而亡。韩愈写下了悲痛、凄恻至极的《祭十二郎文》，我们读这篇，当有所感。

韩愈为人耿直，为官清廉，给自己带来很多祸患，可谓一生"闯祸"无数。其中最严重的一次，就是写了《论佛骨表》一文，这篇文章写完，韩愈开罪于皇上，被贬到了潮州。潮州位于现在的广东。要知道，当时的广东可不是现在的广东，基本还属于化外之地呢。

写《论佛骨表》是公元 819 年的事，在位的皇帝是唐宪宗，唐宪宗尊崇佛教。这一年正月，唐宪宗派人到法门寺把释迦牟尼佛的遗骨迎入宫，供奉三日。于是整个长安城都轰动了，王公士人奔走相庆，纷纷前往瞻礼施舍，在京城掀起了一股尊崇佛教的风潮。

韩愈是正统的儒家学者，自然看不下去，于是写了一个奏表——《论佛骨表》。这篇文章一开头就说，佛教传进来之前，帝王的寿命都很长；佛教传进来之后，帝王的寿命反而短了。

这桩风波反映的是价值观的不同。唐朝的国教是道教，因为唐朝的皇帝姓李，跟老子一个姓。而事实上，唐朝的官员都是学儒家经典的。皇帝迎佛骨，不是跟儒、道两家都不一致了吗？这么做会动摇以儒学治国的根本。于是韩愈就写了这个奏表。

这可把唐宪宗气疯了。"好你个韩愈，竟敢诅咒我短命！"于是他要用极刑处死韩愈。裴度、崔群等人极力劝谏，唐宪宗却仍对韩愈感到愤怒，欲除之而后快。鉴于韩愈的声望，以及他在当时学术界的地位，一时人心震动，皇亲国戚们也认为对韩愈加罪太重，为其说情。最后，唐宪宗没有处死韩愈，将他贬为了潮州刺史。

韩愈就在这个时候，写了那首著名的诗歌：

左迁至蓝关示侄孙湘

一封朝奏九重天，夕贬潮州路八千。

欲为圣明除弊事，肯将衰朽惜残年！

云横秦岭家何在？雪拥蓝关马不前。

知汝远来应有意，好收吾骨瘴江边。

韩愈诗文双绝，还是著名学者。在文学上，他首倡"古文运动"，和柳宗元一起，有力地改变了当时的文风。一般我们都认为韩愈是"唐宋八大家"之首。

唐宋"古文运动"是指唐代中期及宋朝时期以提倡古文、反对骈文为特点的文体改革运动，因涉及文学的思想内容，所以兼有思想运动和社会运动的性质。"古文"这一概念由韩愈最先提出。他把六朝以来讲究声律及辞藻、排偶的骈文视为俗下文字；古文是相对骈文而言的，指的是先秦和汉朝的散文。韩愈提倡古文，目的在于恢复古代的儒学道统，将改革文风与复兴儒学变为相辅相成的运动，在提倡古文时，进一步强调要"文以明道"。

苏轼对韩愈有个极高的评价，说他"文起八代之衰"（《潮州韩文公庙碑》）。从韩愈在中国文学史上的地位和其文学成就看，这并非过誉之辞。

"八代"指的是东汉、魏、晋、宋、齐、梁、陈、隋，这几个朝代正是骈文由形成到鼎盛的时代；另外，还可从虚的角度理解，"八代"即很长时间。

"衰"是针对八代中的骈文而言的。一个"衰"字，表达了唐宋古文家对骈文的贬斥和不满。从骈文的发展看，这一描述虽不乏主观色彩，但还是很准确的。因为两晋以后，骈文风气大盛，不分内容场合，几乎无文不骈、无语不偶，走向了形式主义歧途；内容上大多是风花雪月、儿女情态，无病呻吟，趋于堕落。

最后我来讲个小小的"花絮"。你们听说过"八仙过海"的传说吧？八仙中有一个叫韩湘子的仙人，善吹笛，相传他就是韩愈的侄孙。《左迁至蓝关示侄孙湘》，标题里的"湘"，就是他的名字。

第十三讲
黔之驴

黔无驴，有好事者船载以入。至则无可用，放之山下。虎见之，庞然大物也，以为神。蔽林间窥之，稍出近之，慭慭然莫相知。

他日，驴一鸣，虎大骇，远遁。以为且噬己也，甚恐。然往来视之，觉无异能者。益习其声，又近出前后，终不敢搏。稍近，益狎，荡倚冲冒。驴不胜怒，蹄之。虎因喜，计之曰："技止此耳！"因跳踉大㘎，断其喉，尽其肉，乃去。

噫！形之庞也类有德，声之宏也类有能。向不出其技，虎虽猛，疑畏，卒不敢取。今若是焉，悲夫！

（柳宗元《黔之驴》）

《黔之驴》是我们很熟悉的一则古文。黔，大概就是现在的贵州一带。阿老师把这篇文章的大意说一下。

黔这个地方没有驴，有一个喜欢多事的人用船运了一头去；运到那里后因为驴没有什么用处，这人就把它放置在山脚下。黔地有老虎，老虎看到驴是个庞然大物，以为它是什么神物，就躲藏在树林里偷偷看它。渐渐地，老虎小心地出来接近驴，感到惊恐疑惑，仍不知道它是什么东西。

有一天，驴叫了一声，老虎吓坏了，逃得远远的。老虎以为驴要吃了自己，很害怕。但是来来回回地观察驴以后，老虎又觉得它并没有什么特殊的本领。老虎渐渐地熟悉了驴的叫声，又前前后后地试探着靠近它，但始终不敢与它搏斗。老虎渐渐地靠近驴，越来越敢于轻侮它，碰、倚、靠、撞，不停冒犯它。驴非常生气，用蹄子踢老虎。老虎很高兴，心里盘算道："驴的技艺不过如此啊！"于是老虎跳起来大吼了一声，咬断了驴的喉咙，吃光了它的肉，然后才离开。

唉！驴的外形庞大好像有德行，声音洪亮好像有能耐，当初要是不使出它的那点本事，老虎即使凶猛，但由于多疑、畏惧，终究也不敢吃掉它。如今它落得如此下场，可悲啊！

　　这是一个特别有意思的寓言，大概表达了这样一种寓意：个头大的，其实并不一定厉害。有个成语叫"黔驴技穷"，就是形容那些色厉内荏的人，他们其实没有什么手段。那么，柳宗元为什么要写这个寓言故事呢？有评论者认为，柳宗元讲的是他自己，是在自嘲。为什么这么说呢？这就不能不说到当时的一个著名事件——永贞革新。柳宗元参与了这次革新运动，之后就遭遇了一连串的贬官，来到了永州，离黔这个地方不太远。

　　柳宗元（773—819），字子厚，河东（现山西运城永济一带）人，"唐宋八大家"之一，唐代文学家、哲学家、散文家和思想家，世称"柳河东""河东先生"，因官终柳州刺史，又称"柳柳州"。柳宗元与韩愈并称"韩柳"。

　　贞元二十一年（805）一月，唐德宗驾崩，皇太子李诵继位，改元永贞，是为唐顺宗。唐顺宗即位后，重用王伾、王叔文等人，柳宗元由于与王叔文等政见相近，被提拔为礼部员外郎，掌管礼仪、享祭和贡举。此时，在王叔文周围还有许多与他政见相近的人物，包括韩泰、韩晔、刘禹锡、陈谏、凌准、程异、陆质、吕温、李景俭、房启等人，他们这些人，被看作一个政治集团。

王叔文等掌管朝政后，积极推行革新，采取了一系列的改革措施，史称永贞革新。革新的主要措施有抑制藩镇势力，加强中央的权力；废除宫市，罢黜雕坊、鹘坊、鹞坊、狗坊、鹰坊的宦官（他们被称为五坊小儿）；贬斥贪官污吏；整顿税收，废除地方官吏和地方盐铁使的额外进奉，并试图收回在宦官和藩镇手中的兵权。随着唐顺宗病情的加重，以俱文珍为首的宦官集团，联合外藩，联合反对改革的朝臣，向朝廷施加压力，要王叔文引退。

永贞元年（805）四月，广陵郡王李淳被宦官俱文珍、刘光琦、薛盈珍等立为太子，改名为李纯。五月，王叔文被削翰林学士一职。七月，宦官请太子监国。同月，王叔文因母丧回家守丧。八月五日，顺宗被迫禅让帝位给太子李纯，史称"永贞内禅"。李纯即位，即唐宪宗。唐宪宗一即位就打击以王叔文和王伾为首的政治集团，八月六日，贬王叔文为渝州司户，贬王伾为开州司马。王伾到任不久后病死，王叔文不久也被赐死。永贞革新宣告失败，前后共180多天。

永贞革新失败后，当年九月，柳宗元被贬为邵州刺史；十一月，柳宗元在赴任途中，被加贬为永州司马。在永州的时期，是柳宗元非常失意的阶段，他只好寄情于山水。但就在这个时期，他反而写出了非常著名的《永州八记》。这也印证了杜甫《天末怀李白》中的一句诗："文章憎命达。"

这篇《黔之驴》，作为寓言，其寓意很广泛，我们可以有自己的理解；但在柳宗元那里，却未尝不是一种自嘲。

柳宗元或许认为，整个永贞革新中，他就是那头又无辜又自取其辱的驴，貌似强大，实则外强中干。起初，他们以为机会来了，被理想主义和浪漫主义冲昏了头脑，就像那头初到黔地的驴一样；但保守势力在观望，在试探，看看这些改革派到底有多大的能耐。

柳宗元卷入的这场政治旋涡，说到底就是利益的斗争。柳宗元等儒家知识分子，想要推动制度的改革，挽回大唐的颓势，力图让国家回到正轨，但这就会得罪已有的利益集团。这些既得利益者，就是最为保守的势力，他们不愿意也不允许有任何改变，不希望自己到手的巨大利益受到一点儿削弱，于是视王叔文集团为眼中钉、肉中刺，这是可想而知的。

在《黔之驴》这个寓言中，驴确实也经历了一番试探和较量，但驴又怎么可能战胜虎呢？驴被老虎"断其喉，尽其肉"的悲惨命运，也就难以避免了。

历史不容假设。没有参与永贞革新的话，柳宗元的仕途究竟会如何，也不得而知。但基于柳宗元疾恶如仇的品质、孤芳自赏的人格，他想要一帆风顺的人生想必也难。此后半生，柳宗元颠沛流离，命途多舛，一再被贬谪，最终壮年早逝，也令我们后人扼腕。

当然，《黔之驴》这篇寓言，可以被视为柳宗元的自嘲，是对永贞革新的一次深刻思考；但作品大于其本身，我们去掉柳宗元自己的投射，将其作为一个纯粹的寓言来看，其象征性也极为丰富，从各个角度，我们都可以读出深刻的道理。"远近高低各不同"（苏轼《题西林壁》)，这也是杰出作品的共同品质。

第十四讲
与元九书

浔阳腊月，江风苦寒，岁暮鲜欢，夜长无睡，引笔铺纸，悄然灯前，有念则书，言无次第，勿以繁杂为倦，且以代一夕之话也。

（白居易《与元九书》选段）

白居易，我们都很熟悉。"野火烧不尽，春风吹又生"（《赋得古原草送别》）这句诗，相信每一个中国人都听过，所以一旦谈及诗人的名字，我们都会觉得很亲切，就像在谈一个老熟人。

阿老师因为自小喜欢古典文学，所以对那些古诗文作者有着非常深厚的感情。阿老师每次写这些讲课用的文稿时，总是又着急又遗憾。着急的是，我得先写完，了却一桩心事，告慰我青少年时代的喜好。那为什么我又遗憾呢？因为，这样的文稿，我此生大概只会写一次，无论这次写得好不好，以后可能都不会再写了。可是我又特别喜欢古典文学，很享受这个过程，所以，一想到将来可能很长一段时间不能再这么沉浸其中，我就特别遗憾。

我们来讲一个"长安米贵"的故事吧。

贞元三年（787），十六岁的白居易从江南来到京城长安，带着自己的诗稿去拜会名士顾况。当时，顾况是长安诗坛领袖，他看到诗稿上"白居易"这个名字，便开玩笑说："长安的米很贵，居住不容易啊！"可等到翻看诗稿，读到"离离原上草，一岁一枯荣。野火烧不尽，春风吹又生"时，顾况马上连声叫好，并说："文采如此，住下去又有什么难的！"后来，顾况经常向别人谈起白居易的诗才，赞不绝口，白居易的诗名就传开了。这就是"长安米贵，居大不易"的故事。

白居易在杭州当过刺史，有修筑西湖堤防、疏浚六井等政绩。西湖有白堤，两岸种有杨柳，后世误传这就是白居易所修筑的堤，而称之为白公堤。事实上这道白堤在白居易来杭州之前就已存在，当时叫作白沙堤，可见于白居易的诗作之中。

钱塘湖春行

孤山寺北贾亭西，水面初平云脚低。

几处早莺争暖树，谁家新燕啄春泥。

乱花渐欲迷人眼，浅草才能没马蹄。

最爱湖东行不足，绿杨阴里白沙堤。

白居易一生也仕途坎坷。我们发现，中唐时代三位杰出的文人——白居易、韩愈、柳宗元，都是命途多舛的。韩愈因为上了《论佛骨表》，被贬到潮州。柳宗元因为参与永贞革新，被贬到永州，后来又被贬到柳州，最后死在那里。白居易呢，则被贬到了江州，就是现在的江西九江，鄱阳湖边上。

被贬官，对于文人的官宦生涯、政治抱负而言，确实是件大坏事；但是，对于文人的创作而言，却可能是一件好事，会让他们的创作有意想不到的突破。

韩愈和柳宗元的代表作，大都是在被贬官之后写的。柳宗元的《永州八记》，流传至今，在文学史上占据了一席之地。韩愈那句"云横秦岭家何在？雪拥蓝关马不前"（《左迁至蓝关示侄孙湘》），也是在被贬官的路上写出来的。所以，有人说"国家不幸诗家幸"（赵翼《题遗山诗》），杜甫也说"文章憎命达"（《天末怀李白》），就是说，一个人要是命运很好的话，也许就写不出好文章来了。

这当然有一定道理，但这也是有前提的：这个作家，必须有透彻的反思、深刻的认识，以及贴切的观察才行；否则，命运再坎坷，也写不出东西来。因此，我们不能误以为只有吃苦头，才能写出好文章。不吃苦头，也可以写出好文章，而更多的人，苦头吃了很多，文章却一个字也写不出来。这个逻辑，我们需要搞清楚。

白居易跟韩愈、柳宗元一样，吃了苦头，被贬官了，也写出了好文章。比如，在江州，他写了著名的长诗《琵琶行》，也写出了《与元九书》这样流传千古的好文章。

元九，就是元稹，也是一位著名的诗人。白居易和韩愈、柳宗元、刘禹锡、元稹，基本上是同时代的人。不过白居易和韩愈、柳宗元的交往不多，跟元稹却是莫逆之交，他留下的很多诗文名篇，都是跟元稹唱酬的。元稹有很多名句传世，比如"曾经沧海难为水，除却巫山不是云"（《离思五首·其四》）等。

白居易被贬官到江州，担任司马一职，这是一个很低的职位。唐朝的官员，不同级别有不同颜色的官服，其中青色是级别最低的官员的服色。白居易在《琵琶行》里说"江州司马青衫湿"，是写实，也是自嘲。被贬官的这段时期，白居易内心充满了愤慨和忧伤，思想上也不免矛盾和彷徨。

元稹与白居易是一辈子的好朋友，他们之间交往的故事堪称佳话。比如，在听说白居易被贬官到江州之后，元稹就写了一首诗寄给白居易，这就是著名的《闻乐天授江州司马》：

> 残灯无焰影幢幢，此夕闻君谪九江。
> 垂死病中惊坐起，暗风吹雨入寒窗。

"垂死病中惊坐起"一句，足见元稹对白居易的关切。

白居易谪居江州之后不久，又收到了元稹寄来的《叙诗寄乐天书》，当时，元稹病情好转，担任通州司马。白居易揽信在手，思前想后，有感而发，就给元稹写了一封回信，即《与元九书》。当时，白居易大约 44 岁。

《与元九书》很长，我们只节选了一小段。阿老师来把前文介绍一下。这篇文章主要是诗论，谈的是诗歌的艺术。文章第一段是开场白，简要地交代了写作目的和背景。第二段和第三段从诗歌的发生学谈起，对什么是诗歌的本质提出了自己的见解，认为诗歌就是有感而发，因情而动。随后，白居易用十分简洁的语句，叙述了历代诗歌发展变化的概况，阐明了《诗经》以来反映现实的优良传统，说明了自己文学创作的现实主义倾向，并留下了"文章合为时而著，歌诗合为事而作"这一名句。

当然，白居易还从自己勤学苦读，谈到仕宦之后潜心于诗歌创作；在总结创作经验时，着重谈到了文学创作与现实的关系。我们选的，只是《与元九书》这封信最后的一小段，大意如下：

"浔阳（今属江西九江）腊月，江风吹来，令人感到凄苦寒冷。岁末乐趣很少，长夜无眠，我拿来笔，铺下纸，寂静地坐在灯前，想到哪儿就写到哪儿，语无伦次，还请不要厌烦内容的繁杂，暂且用这封信代替一夕之话吧。"

这段文字情景交融，感情真挚，涉及自己小小的哀伤和喜悦，特别动人，特别值得诵读。《与元九书》在文艺评论上，占有重要地位；在抒情怀人上，也独具风格。好文章，可以久久地滋养我们。

第十五讲
醉翁亭记

　　环滁皆山也。其西南诸峰，林壑尤美，望之蔚然而深秀者，琅琊也。山行六七里，渐闻水声潺潺，而泻出于两峰之间者，酿泉也。峰回路转，有亭翼然临于泉上者，醉翁亭也。作亭者谁？山之僧智仙也。名之者谁？太守自谓也。太守与客来饮于此，饮少辄醉，而年又最高，故自号曰醉翁也。醉翁之意不在酒，在乎山水之间也。山水之乐，得之心而寓之酒也。

　　　　　　　　　　　　（欧阳修《醉翁亭记》选段）

　　欧阳修，北宋的大文学家。我们讲苏轼的时候，曾经提到过他。苏轼参加礼部考试，欧阳修是主考官，对苏轼有知遇之恩。欧阳修认为，苏轼崭露头角之后，总有一天，别人会只知道苏轼，而不知道欧阳修。欧阳修说这番话时，地位尊隆，堪为北宋文坛领袖，可见其胸襟的豁达。

欧阳修有很多逸事流传。比如，他自号"六一居士"。我小时候，一度以为欧阳修也过"六一"儿童节，难道他是个老顽童？其实不然，此"六一"非彼"六一"也。而且，"六一"儿童节，是晚近才有的。

欧阳修说自己有六个"一"，且引以为豪。

第一个"一"：家中藏书一万卷。在当时，他可谓大藏书家。

第二个"一"：收集了夏、商、周三代以来的金石文字一千卷，这些都是珍贵文物。

第三个"一"：有一张好琴，可时时抚弄，足见雅兴。

第四个"一"：有一盘棋。欧阳修喜欢下棋，但不知棋力如何。

第五个"一"：喜欢喝酒，常备好酒一壶。

第六个"一"：是一个老头。

因此欧阳修才叫"六一居士"。

据传，欧阳修年少时写过很多"艳词"，有一定的名气，以致考科举的时候，也为这个名声所累。那是天圣八年，即公元1030年，欧阳修参与由仁宗皇帝主持的殿试。当时的主考官是晏殊，他觉得欧阳修才华出众，要选其为第一名。孰料太后不许，因为欧阳修写了很多"艳词"，有些还传入了宫中，太后觉得选这样的人为状元，风气不好，坚决不同意。欧阳修因此与状元失之交臂，这是很令人遗憾的。

读宋词，欧阳修是我们无法绕开的存在。其名句如"候馆梅残，溪桥柳细。草薰风暖摇征辔。离愁渐远渐无穷，迢迢不断如春水"（《踏莎行》）之类，言辞艳丽，情感绵长，确实有五代词风。其实，宋词经苏轼之手，词风才有了大变化。但要说欧阳修的词是"艳词"，阿老师也是不同意的，只能说，当时的读者，脑子太僵化。

欧阳修的诗、词、文都十分出色。他领导了北宋诗文革新运动，继承并发展了韩愈的古文理论。其散文创作的高度和成就与其推行的古文理论相辅相成，从而开创了一代文风。欧阳修在变革文风的同时，也对诗风、词风进行了革新。这跟欧阳修小时候的阅读有关。欧阳修十岁时，从一户李姓人家那里偶然得到了韩愈的《昌黎先生文集》六卷，甚爱其文，手不释卷，这为他日后推行诗文革新运动播下了种子。

欧阳修在翰林院主持修史时，常常与同僚出游。一次，有匹飞驰的马踩死了一只狗，欧阳修对同僚说："请你们尝试描述一下这事。"一人说："有犬卧于通衢，逸马蹄而杀之。"另一人说："有马逸于街衢，卧犬遭之而毙。"欧阳修笑着说："像你们这样修史，一万卷也写不完。"那二人说："那你怎么写呢？"欧阳修道："逸马杀犬于道。"（冯梦龙《古今谭概》）

这个故事，非常好地表现了欧阳修的文章追求，他跟韩愈、柳宗元相似，"惟陈言之务去"（韩愈《答李翊书》），即追求语言简洁，把一件事说清楚就好，不要太多修饰。这跟现当代很多作家的主张也很相似。比如，100多年前，胡适在《文学改良刍议》里说"务去滥调套语"，当今美国著名的小说家斯蒂芬·金则说："我相信通往地狱的路是副词铺就的。"（《写作这回事：创作生涯回忆录》）

《醉翁亭记》写于宋仁宗庆历五年（1045）之后，当时范仲淹等人遭谗离职，欧阳修上书替他们抗辩，被贬到滁州做知州。到任以后，他内心抑郁，但还能发挥"宽简不扰"的行政风格，取得了很多政绩。《醉翁亭记》就写于这个时期。这篇文章描写了滁州一带四季朝暮自然景物不同的美，以及滁州百姓和平宁静的生活，表现了作者在山林中与百姓一起游赏宴饮的乐趣。

　　读罢全文，我们会发现，贯穿全文核心的，就是一个"乐"字。其中包含着比较复杂曲折的内容：表面讲的是地方长官"与民同乐"的情怀，但深层的意蕴，读者也许能感知到，是作者在寄情山水背后的难言的苦衷。当时，欧阳修大约四十岁，时值盛年，却自号"醉翁"；而且他经常出游，加上他那"饮少辄醉""颓然乎其间"的种种表现，无不是在暗示，他是借山水之乐，来排遣谪居生活的苦闷。我们先来翻译一下选段。

　　滁州四周都是山。那西南方的几座山峰，树林和山谷格外秀美。一眼望去，树木茂盛，又幽深又秀丽的，是琅琊山。沿着山路走六七里，能渐渐听到潺潺的流水声，流水从两座山峰之间倾泻而出的，是酿泉。山间道路迂回曲折，有一座亭子像飞鸟展翅似的，架在泉上，那就是醉翁亭。建造这亭子的是谁呢？山上的和尚智仙。给它取名的又是谁呢？太守用自己的别号（醉翁）来给它命名。太守和他的宾客们来这儿饮酒，他只喝一点儿就醉了，而且年纪又最大，所以自号"醉翁"。醉翁的意趣不在于喝酒，而在于欣赏山水美景。欣赏山水美景的乐趣，领会在心里，寄托在酒上。

就行文而言，这篇文章也很有趣。有趣在哪里？我们常说，文言文主要就是"之乎者也"。讲《徒见金》这篇寓言时，我们讲了"之"字。借《醉翁亭记》，我们刚好可以讲讲"也"字。《醉翁亭记》整篇文章数百个字而已，但是"也"字出现了 21 次。我们刚刚不是说，欧阳修主张用词不要重复累赘吗？为什么此文多用"也"字，我们反而说好？这是因为，欧阳修的"也"字用得别出心裁。

"也"这个字，作为语气词，一般可以出现在句子中间，也可以出现在句子末尾。"也"字出现在句子中间时，多为句中语气助词，一般起到停顿的作用，可以不翻译。比如，《论语》里讲颜回的"人不堪其忧，回也不改其乐"，这个"也"没什么实在的意思，但我们读到这里，可以停顿一下。

"也"字出现在句末，一般可以表示疑问，或者表示判断和肯定。这一讲所选片段里的"也"字，基本上都表示判断。所以，我们可以知道，在文言文中，末尾有个"也"字的，基本上就是判断句了。什么叫判断句？简单来说，凡是翻译成现代汉语的时候，要翻译成"……是……"的句子，就是判断句。

所选的这一段，几乎每一句都是判断句。所以，我们说《醉翁亭记》是千古名文，它用同一个格式的判断句，就写出了山水之美和太守的内心世界。

"环滁皆山也。"

"望之蔚然而深秀者，琅琊也。"

"山行六七里，渐闻水声潺潺，而泻出于两峰之间者，酿泉也。"

"峰回路转，有亭翼然临于泉上者，醉翁亭也。"

"作亭者谁？山之僧智仙也。"

"名之者谁？太守自谓也。"

……

以上所举，每一句都是判断句。我们都知道，一般的好文章，句式需要不断变化，这样才不呆板，才不至于让人感觉审美疲劳。可是欧阳修把判断句用到底，也真是绝了。

不过，我们从这些"也"字里，也能体会到音韵婉转之美。这个"也"字，一方面表示判断，一方面也可以翻译成"啊"，不仅是休止符，还可以表达语气，是延长的音符，构成了曼声咏叹的情致。这是欧阳修的独创，也几乎是千百年来文言之河里的"唯一"。

第十六讲
六国论

秦以攻取之外，小则获邑，大则得城。较秦之所得，与战胜而得者，其实百倍；诸侯之所亡，与战败而亡者，其实亦百倍。则秦之所大欲，诸侯之所大患，固不在战矣。思厥先祖父，暴霜露，斩荆棘，以有尺寸之地。子孙视之不甚惜，举以予人，如弃草芥。今日割五城，明日割十城，然后得一夕安寝。起视四境，而秦兵又至矣。然则诸侯之地有限，暴秦之欲无厌，奉之弥繁，侵之愈急。故不战而强弱胜负已判矣。至于颠覆，理固宜然。古人云："以地事秦，犹抱薪救火，薪不尽，火不灭。"此言得之。

（苏洵《六国论》选段）

《六国论》的作者是苏洵，就是苏轼和苏辙的父亲。

苏洵这个人，其实挺有传奇色彩的。他在 25 岁之前，基本是在到处游荡，不学习。《三字经》里也讲到了苏洵，说"苏老泉，二十七。始发愤，读书籍"。《三字经》里把苏洵的故事编进去，用意在于勉励我们好好读书。但是，反过来，我们会想，苏老泉 27 岁之前，都没有好好学习，之后还能成名成家。那我们为什么必须从小刻苦呢？

当然，苏洵一旦向学开始读书之后，确实很用功；学成后，还开始亲自教授苏轼。从这一点来说，苏洵还是很了不起的。

北宋嘉祐元年（1056），苏洵带苏轼、苏辙二子进京应试，谒见翰林学士欧阳修。欧阳修很赞赏他的《衡论》《权书》《几策》等文章，认为可与刘向、贾谊的文章相媲美，于是向朝廷推荐苏洵。公卿士大夫争相传诵苏洵的文章，苏洵文名因而大盛。

北宋嘉祐二年（1057），苏轼、苏辙同榜应试及第，轰动京师。

当然，作为一个父亲，苏洵最大的成就，就是有苏轼和苏辙两个儿子。这就像大仲马，他儿子小仲马问他："父亲，您最重要的作品是哪一部？"大仲马指着小仲马说："你就是我最好的作品。"

苏轼、苏辙兄弟，加上苏洵自己，一门三学士，是了不起的佳话。但苏洵的故事也告诉我们，任何时候开始学习，都不晚。有一个绘本作家叫李欧·李奥尼，我们读绘本，都无法回避他。但是，你知道他创作第一部绘本《小蓝和小黄》时多大年纪吗？ 49 岁！他 49 岁之前，做过很多工作；49 岁，当了爷爷，为了给孙子孙女讲故事，才开始他的创作之路。所以，归根到底，何时找到自己的理想之路都没关系，一个真正励志的故事，就是要获知自己的天命。

苏洵也是"唐宋八大家"之一，主要成就在散文。苏洵的散文论点鲜明，论据有力，语言锋利，纵横恣肆，具有雄辩的说服力。欧阳修称赞他的文章"博辩宏伟""纵横上下，出入驰骤，必造于深微而后止"（《故霸州文安县主簿苏君墓志铭并序》），曾巩也评论他的文章"指事析理，引物托喻""烦能不乱，肆能不流"（《苏明允哀词并序》），这些说法都是比较中肯的。

苏洵的散文最突出的特点就是语言犀利，言必中时之过，对北宋社会的阴暗进行了毫不留情的揭露和鞭挞；但同时在剖析问题严重性的过程中，苏洵又会巧妙地折转笔锋，淡化笔势，改变文章节奏，缓和文章语气，使人能够接受他的犀利与委婉。

《六国论》是很著名的文章，被选入了中学语文教材。我们选的是这篇文章的第二段，阿老师大致解释一下。

秦国除了用战争夺取土地以外，还从诸侯的贿赂中得到土地，小到邑镇，大到城池。比较秦国受贿赂所得到的土地与战胜别国所得到的土地，前者实际多百倍；六国诸侯贿赂秦国丧失的土地与战败丧失的土地相比，实际也要多百倍。那么秦国最想要的，与六国诸侯最担心的，就不在于战争。六国诸侯的祖辈和父辈，冒着寒霜雨露，披荆斩棘，才有了很少的一点土地。可子孙对那些土地却不爱惜，拿来送给别人，就像扔掉小草一样。他们今天割掉五座城，明天割掉十座城，这才能睡一夜安稳觉；可明天起床一看四周边境，秦国的军队又来了。然而诸侯的土地有限，秦国的欲望却永远不会被满足，诸侯送给它的越多，它侵犯得就越急迫。所以根本用不着战争，谁强谁弱、谁胜谁负一早就已经决定了。六国最终到了覆灭的地步，这也是合乎道理的。古人说："用土地侍奉秦国，就好像抱柴救火，柴不烧完，火就不会灭。"这话说得很正确。

这篇文章应当属于策论。有一点我们需要知道：苏洵并不是就事论事，而是借题发挥。苏洵的写作目的不在于总结六国灭亡的教训，而在于警告宋朝统治者勿蹈六国灭亡的覆辙。借古喻今、谈论历史供统治者借鉴，这是苏洵此文的特点。但他写的是不是历史事实呢？我们需要贴近历史本身去看。

从历史真相出发，六国灭亡的主要原因，显然不在"赂秦"。六国的失败，原因很复杂，不止一个。比如六国政治上保守，因循守旧，不重视改革，不能坚持"合纵"政策去对付秦国的"连横"政策，因此才被秦国以远交近攻的手段各个击破。而从秦国的方面看，秦孝公任用商鞅变法之后，秦国国力大增，从生产力到军事实力都成为先进的代表，是当时最强大的诸侯国，具备了统一中国的实力。

苏洵对此并非不知，他在文中也承认这一点："以赂秦之地封天下之谋臣，以事秦之心礼天下之奇才，并力西向，则吾恐秦人食之不得下咽也。"然而作者用意不在此，他的意图是点明赂秦是六国灭亡的原因，以此警告宋朝统治者，不要用贿赂的方法对待辽国和西夏，要用武力，要抵抗。明代何仲默说过："老泉论六国赂秦，其实借论宋赂契丹之事，而卒以此亡，可谓深谋先见之识矣。"（高步瀛《唐宋文举要》甲编卷八引何仲默语）

这是政论，但不是事实。我们需要知道的是，这是一家之见，不能代替历史事实。并且，苏洵写作此文，是为了给当时的当权者看，所谓讽谏，就是这个写法。我们今天的人，如果要讨论六国灭亡的原因，还是得从历史的真实细节出发。

第十七讲
前赤壁赋

　　壬戌之秋，七月既望，苏子与客泛舟游于赤壁之下。清风徐来，水波不兴。举酒属客，诵明月之诗，歌窈窕之章。少焉，月出于东山之上，徘徊于斗牛之间。白露横江，水光接天。纵一苇之所如，凌万顷之茫然。浩浩乎如冯虚御风，而不知其所止；飘飘乎如遗世独立，羽化而登仙。

　　于是饮酒乐甚，扣舷而歌之。歌曰："桂棹兮兰桨，击空明兮溯流光。渺渺兮予怀，望美人兮天一方。"客有吹洞箫者，倚歌而和之。其声呜呜然，如怨如慕，如泣如诉，余音袅袅，不绝如缕。舞幽壑之潜蛟，泣孤舟之嫠妇。

（苏轼《前赤壁赋》选段）

在讲苏轼这篇锦绣文章之前，我们先来聊聊苏轼遭遇的乌台诗案。这是苏轼一生之中最大的冤狱，因为诗歌而获罪，属于文字狱。他被拘禁在监狱里100多天，最后因曹太后为之说情，王安石等老臣也为之说情，再加上宋神宗恐怕也不是真的想处死苏轼，苏轼才得以幸免。

曹太后是宋仁宗的皇后，她特别喜欢苏轼。曹太后到了生命末期，卧病在床，宋神宗去看望她。曹太后知道是苏轼案让神宗犯了难，就跟神宗说了一件事。仁宗皇帝在世时，常以科举纳入苏轼、苏辙两兄弟而感到欣慰，以为"吾为子孙得两宰相"（《宋史》）。太后听说苏轼因为写诗遭了官司，估计是被仇家恶意中伤所致，故力劝神宗，不可因为几句诗文就对苏轼过于苛刻。这样，苏轼最后才得以从轻发落，被贬黄州。

那"乌台诗案"中的"乌台"是什么意思呢？乌台，就是御史台。在汉代，御史台这个地方种有柏树，柏树上停满了乌鸦，所以，人们就把御史台叫作乌台。御史这个官职，负责监察官员，专门说人"坏话"。这次，苏轼就被抓了个"现行"。

其实，一切都源于新旧党争。我们知道，宋神宗时期，王安石主持变法，朝廷内外就分为两派：一派是变法派，以王安石为首；一派是保守派，以司马光为代表。苏轼其实什么派也不属于，他是一个很耿直的人，只为苍生说话。所以，当变法操之过急，给人民带来痛苦时，苏轼就站出来反对，这就让人误以为他是保守派的。于是有一部分心眼儿很小的变法派成员，就把苏轼视为眼中钉。但其实，苏轼对于王安石本人，并无多大的意见。

正好，北宋元丰二年（1079），苏轼被调任到湖州，担任知府，例行公事写了篇《湖州谢上表》。苏轼很谦虚，整篇文章除了阐述自己毫无政绩、忝列门墙之外，就是大段感念皇恩浩荡、使人如沐春风之类。

但苏轼总是"我手写我心"，也不知无心还是有意，他在文章的最后写了这么一句："知其愚不适时，难以追陪新进；察其老不生事，或能牧养小民。"大意就是陛下知道"我"愚昧不堪，不合时宜，难以和变法派共事，又体恤"我"年老不爱生事，让"我"在地方管理普通百姓。这句话看似没问题，但架不住有人喜欢抠字眼。这个字眼，就是"新进"一词。所谓新进，就是最近这批凭着变法而上位的官僚。苏轼

《湖州谢上表》中的这个词，又准确，又辛辣，深深地刺痛了这些"新进"的"玻璃心"。

王安石力行变法，史有定论，其中用人不当，推动过于急躁，导致民不聊生，也是事实。而随着王安石罢相，退回江宁（今江苏南京）养老，那批凭着变法而上位的"新进"最担心的事，无非就是保守派重回朝廷，而自己得到的地位即将不保。"新进"们把苏轼视为保守派中较富声望的人之一，扳倒苏轼，以进攻作为最好的防守，就成为他们保全自己地位的关键手段。

虽然苏轼批评新法，但苏轼从来都不是旧党，他只是胸无城府、有话直说而已。那么，怎么对付苏轼呢？简单，苏轼诗文遍天下，找一点他对皇上不满、讥讪朝廷的文字，还不是信手拈来吗？

其实，这种事早在苏轼担任杭州通判时，沈括就做过了。沈括去杭州出差，拜访苏轼，问苏轼要最近的诗文集，从中搜寻那些语涉讥讪的部分，加以笺注，有意曲解，意在激怒神宗皇帝。然而，宋神宗置之不理，苏轼逃过一劫。因为没出事，所以苏轼不以为意，还是好弄文字，语涉时政。

但这次，舒亶、李定等变法派中的小人，非要将苏轼置于死地不可。这篇《湖州谢上表》，就为他们提供了攻击的炮弹。"新进"一词，从熙宁（1068—1077）年间以来，已成为突然升迁的无能之辈的代名词，苏轼公然以这样带贬义性的词语指称朝廷官员，李定、舒亶自然对号入座。苏轼还自诩"老不生事"，难道朝中的人都在惹是生非？

读着苏轼的《湖州谢上表》，一帮小人且怒且喜，指责苏轼愚弄朝廷，又煞费苦心地选取了一组可以附会为"谤讪君上"的文字，以激怒神宗。就这样，宋神宗终于龙颜大怒，下令将苏轼案送交御史台审理。

这就是北宋最著名的文字狱——乌台诗案。

最后，苏轼在被关了100多天之后，被从轻发落，贬官到黄州，担任团练副使。这个职位，没有薪水，苏轼开始了一生之中最落寞，而又最超然的一段时光。我也不知道该怎么看待苏轼的悲剧命运。苏轼自己后来说："惟愿孩儿愚且鲁，无灾无难到公卿。"（《洗儿戏作》）这说明苏轼希望自己孩儿的人生顺顺利利的，不要跟自己一样。但正因为人生的这种大起大落，苏轼的世界观、人生观，尤其是哲学观，都有了极大的突破。

乌台诗案之前，苏轼还算顺顺当当、年少成名，是当代名士，可以说是"人生赢家"。我们可以看出，苏轼在乌台诗案之前的诗词歌赋，都是豪放至极的。谁知道，他一旦落魄，众人却落井下石，避之唯恐不及。总而言之，世态炎凉，他看了个清楚。

就这样，苏轼到了黄州，无米无炊，借住在寺庙里，慢慢地才有了自己的一间屋子、一块地。你想，这是什么生活。然而在黄州期间，苏轼创造力"爆棚"，可以说，他一生之中最漂亮、最伟大的作品，都出现在这个时期。

《前赤壁赋》（又叫《赤壁赋》）就是这个时期的作品。

说起《前赤壁赋》，阿老师还有个小小的故事。我的中小学时代，教科书里选的古文是没有《前赤壁赋》的。当时我只觉得课本里的古文基本都佶屈聱牙、索然寡味，还以为古文都这么难读呢。加上当时课外书少，念高中之前，我都没读过苏轼的锦绣文章。高一时，在学校图书室的一堆废纸里，我找到一本没有封面、不知道叫什么名字的书，里面赫然有《前赤壁赋》，我一遍读完，当时就惊呆了，用梁启超的话讲，就是"若受电然"（《清代学术概论》），就像被电击中了。天哪，我们的古人，居然有这么漂亮、美丽的语言，我居然不知道！就这样，阿老师现在年纪很大了，仍清晰地记得当时的这种初遇。如今想来，这本没有了封面的书，大概就是一本文选吧。

《前赤壁赋》这样的雄文，我们除了全文背诵之外，似乎也没有别的致敬方法了。因为这文章、这精神，已经化为中国文化不可分割的一部分。即便我们今天只讲第一、第二两段，也无损此文的光辉灿烂。阿老师把这两段解释一下。

壬戌年秋，七月十六日，苏轼与友人在赤壁下泛舟游玩。清风阵阵拂来，水面波澜不起。他举起酒杯向同伴敬酒，吟诵着《诗经·陈风·月出》中"窈窕"这一章。不一会儿，明月从东山后升起，徘徊在斗宿与牛宿之间。白茫茫的雾气横贯江面，清泠泠的水光连着天际。他们任凭小船在茫无边际的江上漂荡，越过苍茫万顷的江面。苏轼的情怀浩荡，如同凭空乘风，却不知道在哪里停止；飘飘然如脱离尘世，超然独立，成了神仙，进入了仙境。

这时候苏轼喝酒喝得高兴起来，用手叩击着船舷，唱道："桂木的船棹啊，香兰的船桨，迎击空明的粼波，在泛着月光的水面逆流而上。我的心怀悠远，向往的伊人啊，在天涯的那一方。"有会吹洞箫的客人，按着节奏为歌声伴和，洞箫"呜呜"作声，有如哀怨，有如思慕，像是哭泣，又像是倾诉，尾声凄切、婉转、悠长，如同不断的细丝，能使深谷中的蛟龙为之起舞，能使孤舟上的寡妇听了落泪。

"诵明月之诗，歌窈窕之章。"

这句用了互文的手法，"明月之诗"和"窈窕之章"，指的是《诗经·陈风·月出》这一首，其中有名句"月出皎兮，佼人僚兮"。

"如怨如慕，如泣如诉"现在是两个成语。"如泣如诉"，经常用来形容音乐的缠绵悱恻。

"舞幽壑之潜蛟，泣孤舟之嫠妇。"

"嫠妇"，就是寡妇。洞箫的声音，让寡妇想念她去世的丈夫而哭泣。这里有个新的句式要说一下，那就是使动句。什么叫使动句？简而言之，在翻译这种句式的时候，我们要加一个"使"字——"使幽壑的潜蛟起舞，使孤舟上的寡妇落泪"。这句话极言乐曲的感人肺腑。

　　我们的选段后面还有三段，这里不再讲述，我们随便找个选本，都可以看到全文。古人说张若虚的诗歌《春江花月夜》"孤篇盖全唐"，一首诗就胜过全唐诗歌。阿老师也认为，这篇《前赤壁赋》，是"孤篇盖全宋"；有宋一代，论散赋第一，一定是《前赤壁赋》，这个观点，无须争辩。

　　但有一个遗憾，也不得不说。我们现在读《前赤壁赋》和《后赤壁赋》，可以看到，这个赤壁之下，便是长江，苏轼临江嗟悼，感慨而赋文，这是我们读这两篇文章以及《念奴娇·赤壁怀古》一词的直觉。这个直觉，本来没错，确实如此，除了苏轼的黄州赤壁不是古战场赤壁之外，别的都对。但沧海桑田，大自然的力量，足以让景观改变。千年以后，我们再去黄州赤壁旧地，就会发现，赤壁已经不在长江边上了。因为长江改道，现在已经绕城而过，不再冲刷赤壁而"卷起千堆雪"了。在赤壁和长江之间，是一排排拔地而起的民居。这个观感，大出我的意料。原来，历史的遗迹，有时候也是无可寻求的；原来，古人所谓的"沧海桑田"，竟然如此之真实。2023 年春节假期，我站在黄州赤壁旧址，面对着再也见不到长江的街景，不由得感慨万千。

第十八讲
黄州快哉亭记

昔楚襄王从宋玉、景差于兰台之宫，有风飒然至者，王披襟当之，曰："快哉，此风！寡人所与庶人共者耶？"宋玉曰："此独大王之雄风耳，庶人安得共之！"玉之言，盖有讽焉。夫风无雌雄之异，而人有遇不遇之变。楚王之所以为乐，与庶人之所以为忧，此则人之变也，而风何与焉？士生于世，使其中不自得，将何往而非病？使其中坦然，不以物伤性，将何适而非快？

（苏辙《黄州快哉亭记》选段）

讲了苏洵，讲了苏轼，接下去就该讲苏辙了。"三苏"：父亲苏洵，号"苏老泉"；哥哥苏轼，号"东坡居士"；弟弟苏辙，晚号"颖滨遗老"。苏辙跟苏轼是同榜进士，"三苏"同列"唐宋八大家"。其实，我们读苏辙可能并不多，很多朋友知道苏辙，都是因为苏轼的那首《水调歌头》。这首词的序言里说："丙辰中秋，欢饮达旦，大醉，作此篇，兼怀子由。"子由，就是苏辙的字。

为什么苏辙的字，叫作子由呢？我们以前说起过，古人的字跟名往往有一定的联系，或者字直接就是解释名的。像苏轼，字子瞻。"轼"是个什么物件？古代的马车，车体前方有横木。古人乘坐马车，经常是站着的，那么这根车前横木，就是用以手握，保持身体平衡的。《左传·曹刿论战》里说，曹刿"登轼而望之，曰：'可矣。'遂逐齐师"。"登轼而望之"："登"，就是登车；"轼"，已经解释过了；"望"，就是瞻，就是看。所以，苏轼字子瞻，是有来历的。

那么苏辙为什么字子由？这个"辙"字是什么意思？我们知道车辙，就是车轮的印子。古时候没有柏油马路，也没有水泥路，即便是官道，也多是黄土路。车轮压在黄土路上，那车印就叫作辙。我们讲"陈亢问于伯鱼"的故事时曾讲过，"由"字就是路径的意思。所以，苏辙字子由，名和字之间是有关系的。

为什么要跟大家解释这些？我高中的一个同班同学曾写了《水调歌头并序》，因为字写得好看，就在班里展览。我去看了一下，发现有错别字："兼怀子由"，他写成了"兼怀子曲"。书法很好的这位同学，偶尔也读点文学书，本来我还蛮看得起他的；这个低级的错别字一写，我马上就明白了他的附庸风雅。因为，这是硬伤，显然他没有弄懂苏辙的名和字之间的关系。

苏轼和苏辙手足情深，是同患难的好兄弟。宋神宗元丰二年（1079）八月，苏轼因乌台诗案下狱，十二月被贬为黄州团练副使。苏辙上书营救，说自己愿意放弃官职，来赎兄长苏轼之罪，因而他也被贬官了，"谪监筠州（今江西高安市）盆酒税，五年不得调"（苏辙《颖滨遗老传》）。

黄州与筠州相距不远，有水道相通。元丰五年（1082），苏辙便沿赣水，入鄱阳湖，溯大江来黄州，与其兄轼相聚，畅叙患难中的手足之情。他们一道游览了黄州及其对江的武昌西山，凭吊陈迹。元丰六年（1083），与苏轼一同谪居黄州的张梦得为览观江流，在住所西南建造了一座亭子，苏轼替它取名为"快哉亭"，《黄州快哉亭记》就是苏辙应张梦得邀请所写的。

阿老师把选段稍微解释一下。

从前，楚襄王让宋玉、景差跟随着游览兰台宫。一阵风吹来，飒飒作响，楚王敞开衣襟，迎着风，说："这风多么畅快啊！这是我和百姓所共有的吧？"宋玉说："这只是大王的雄风罢了，百姓怎么能和您共同享受它呢？"宋玉的话在这儿大概有讽谏的意味吧。风并没有雄雌的区别，而人有生逢其时、生不逢时的不同。楚王感到快乐而百姓感到忧愁的不同的感受，正是人们的不同境遇造成的，跟风又有什么关系呢？读书人生活在世上，假使心中不坦然，那么，到哪里没有忧愁？假使胸怀坦荡，不因为外物而伤害天性，那么，他在什么地方不会感到快乐呢？

这篇文章写于被贬期间，苏辙在政治上处于逆境。但他和其兄一样，有一种旷达的情怀，故全篇之中，"快"字出现了七次。因为亭子名叫"快哉"，所以他专门要讲这个"快"，即愉快、快乐、快意的意思，极写观赏形胜与览古之绝，抒发不以个人得失为怀的思想感情，道出了一条人生哲理：心中坦然，无往不快。

全文就紧紧扣住标题里的"快哉"二字，不断生发，非常有条理，风格雄放而雅致，笔势纤徐而畅达，可谓叙议结合，情景交融。

在中国古代，修筑亭台楼阁时人们常常要撰写记文，记述建造、修葺的过程，以及登临所见和引起的感慨等。这篇文章就是此类文章的代表作，跟《岳阳楼记》颇为相似。苏辙在记述了建造亭子的有关问题之后，便描绘登临所见的景色，并由此而引起感慨、抒发议论，认为士处于世，应像张梦得那样心中坦然，并以此慰勉包括自己在内的所有被贬的人；虽然也流露出他对政治失意的不平，但归根到底反映了他身处逆境的旷达胸怀。这一点，也跟《岳阳楼记》很相似，很值得我们后人佩服。

最近三篇，我们把"三苏"都给讲了。一门三学士，一直是千古佳话，也是家庭教育的奇迹。四川眉山如今有三苏祠，若得机缘，大家一定要去拜访一下。

第十九讲
爱莲说

水陆草木之花，可爱者甚蕃。晋陶渊明独爱菊。自李唐来，世人甚爱牡丹。予独爱莲之出淤泥而不染，濯清涟而不妖，中通外直，不蔓不枝，香远益清，亭亭净植，可远观而不可亵玩焉。

予谓菊，花之隐逸者也；牡丹，花之富贵者也；莲，花之君子者也。噫！菊之爱，陶后鲜有闻。莲之爱，同予者何人？牡丹之爱，宜乎众矣。

（周敦颐《爱莲说》）

今天我们讲周敦颐的《爱莲说》。讲这篇，我很开心。

其实阿老师已经讲过无数次了，阿老师是一个从小就喜欢古典文学的人，成年之后，因为各种原因，有很多年没有再去钻研古典文学，但是现在又重新捡起来，心情就变得很好。读到这些熟悉的经典文字，阿老师就像见到老熟人一样，有一种亲切感。而且，正所谓"温故而知新"，比如重读这篇《爱莲说》，非但让人感觉每个字都很熟悉，而且让人有新的感受。

大凡接受过义务教育的中国人，没有不知道这篇文章的。尤其是"出淤泥而不染"这一句，几乎是每一个中国人都知道的名句。那我们会用这句形容什么呢？说一个人出淤泥而不染，表示他虽然出身于鱼龙混杂的环境，但最后却成长为一个品德高尚的人。这是极高的赞誉，也是这篇文章所概括的莲花这种植物给我们后人带来的文化内涵和象征意义。

周敦颐也凭着这么一篇文章，成为我们中国人所热爱的作家。

其实，在中国的历史上，周敦颐并不是因为文章写得好而有地位的，而是因为他奠定了宋代理学的基础，他在中国文化史上，首先是一个思想家。

儒学在宋代，经历了一次大转变，从传统的儒学，变成了宋明理学。这个理学究竟是个什么物事，今天暂时不展开，总之，传统儒家那一套规范，"修齐治平"之类，在宋代有了一个大转型。这位周敦颐，就是宋明理学的先行者。

宋代理学家以程颢、程颐兄弟为代表，而这两兄弟，正是周敦颐的弟子。所以，周敦颐在中国哲学史、政治思想史上，地位还是蛮高的。但这也仅限于周敦颐故世后，他活着的时候，尽管范仲淹、王安石都很推崇他，但是终其一生他都只做了一些小官。这大概是因为他不是科举出身的，在官场上容易受到歧视。直到他去世后 150 年左右，他所主张的理学才被官方认同，他也才获得追封。

周敦颐（1017—1073）从小家贫，15 岁时父亲去世，只好去京城投靠了自己的舅舅郑向。郑向时任龙图阁大学士，对周敦颐很好，视如己出。这个龙图阁大学士，属于高级官员，是皇帝的近臣，每天都有机会陪伴皇帝。那时候，朝廷对高官有恩荫，官员到了一定级别，就可以推荐家里的孩子去出任一些官职，不必让他们通过科举做官。机会凑巧，这个郑向就向朝廷推荐了周敦颐。周敦颐就这样出仕了。

但周敦颐一直都只担任小官，没当过什么大官，一生在各地转任各职——无非是知县、通判之类，并不高级。他也不善于经营，一直过得很穷。他曾有诗歌描述自己：

题酆都观·宿山房

久厌尘坌乐静元，俸微犹乏买山钱。

徘徊真境不能去，且寄云房一榻眠。

这首诗里，周敦颐讲自己没钱买房子，只好借住在道观里。

嘉祐八年（1063），周敦颐应邀与一群文朋诗友游玩聚会。兴之所至，大家便相约写诗作文。周敦颐一气呵成，挥笔写就一篇一百一十九字的散文，这就是名传后世的《爱莲说》。我们来看一下这篇文章的大意。

水上、陆地上各种草本木本的花，值得喜爱的非常多。晋代的陶渊明唯独喜爱菊花。从李氏唐朝以来，世人大多喜爱牡丹。作者周敦颐却唯独喜爱莲花。它从积存的淤泥中长出却不被污染，经过清水的洗涤却不显得妖艳；中间贯通，外形挺直，不生蔓，也不长枝；香气远播，愈加清雅，笔直、洁净地立在水中。人们可以远远地观赏，而不可轻易地玩弄它。

作者认为，菊花是花中的隐士，牡丹是花中的富贵者，莲花是花中的君子。他感叹道："唉！喜爱菊花的，在陶渊明以后就很少听到了。喜爱莲花的，和我一样的还有谁？喜爱牡丹的，当然就很多了！"

这是把莲花给拟人化了，将其比喻为花中的君子，其实则寄托了作者自己的志向：要做不同流合污的、出淤泥而不染的莲花一样的君子。

你看，莲花的品质，就是这么几句：

> "出淤泥而不染，濯清涟而不妖，中通外直，不蔓不枝，香远益清，亭亭净植，可远观而不可亵玩焉。"

这就是人格的象征。我们都希望做这样的人：有品位，有底线，有追求。所以，在下一段，他就对三种花进行了比喻。

> "菊，花之隐逸者也；牡丹，花之富贵者也；莲，花之君子者也。"

为什么这么比喻？菊花，是陶渊明喜欢的，陶渊明是隐士，有诗句"采菊东篱下，悠然见南山"（《饮酒·其五》）。所以，菊花，也就是花中的隐逸者。牡丹，花开富贵，象征着财富荣耀，是富贵人家爱看的，周敦颐肯定不喜欢。

其实，对于莲花，历朝历代喜欢的文人墨客都非常多。写莲花的诗句也很多：初夏，有"小荷才露尖尖角，早有蜻蜓立上头"（杨万里《小池》）；盛夏，有"接天莲叶无穷碧，映日荷花别样红"（杨万里《晓出净慈寺送林子方》）；秋天，有"留得枯荷听雨声"（李商隐《宿骆氏亭寄怀崔雍崔衮》）。你看，莲花一直受到历代文人墨客的青睐，周敦颐喜欢，自然也不奇怪。而周敦颐厉害的地方在于，他从莲花身上，发掘出了"君子"的象征。这是独此一家的阐发。

写作这件事，最重要的是什么？第一，自己的看法；第二，独特的想法。而当你有自己真实的看法想阐述时，写出来的文章往往也就是独特的文章。周敦颐的《爱莲说》就是一篇又优美又独特的文章，流传千古。

阿老师也很爱花，但是种的花半死不活，每次都是草长得比花好。阿老师最喜欢的花，是梅花。梅花，也是花中的隐逸者。梅花颜色不绚丽，而且，越冷开得越好。像周敦颐喜欢莲花那样，喜欢梅花的人，大概也是有所寄托吧，就赋予其高洁的品质：

比如傲寒，"凌寒独自开"（王安石《梅花》），在最为艰难的环境中依然开放。比如暗香，即不注重外表，但是有内涵；下了雪，北风凛冽，梅花"暗香浮动"，给你送来了冷香，令你感叹梅之品格。

阿老师在北边的窗外，种了一棵梅花。这跟金圣叹不同，也跟李清照不同，但是跟林和靖相似。

平时做案牍工作的人，往往会在桌上摆一个盆栽，我们不妨去看看都有什么，而这里面，又有主人的什么寄托。

第二十讲
东坡在玉堂

> 东坡在玉堂日，有幕士善歌，因问："我词何如柳七？"对曰："柳郎中词只合十七八女郎，执红牙板，歌'杨柳岸晓风残月'；学士词须关西大汉，铜琵琶，铁绰板，唱'大江东去'。"东坡为之绝倒。
>
> （俞文豹《吹剑录》选段）

这是非常著名的一段宋人笔记，作者叫俞文豹，大约生活在宋理宗（1205—1264）的年代。《吹剑录》里记录了很多当时的社会风貌，有批判思考，也有文人雅士的逸事。所选的这一段，事关苏东坡，特别著名，我先把它的字面意思跟大家解释一下。

苏东坡在翰林院（玉堂，就是翰林院）的时候，有一位幕僚，特别擅长唱歌。于是苏东坡就问他："我的词，跟柳永的词比起来怎么样？"这个幕僚回答说："柳郎中的词只适合十七八岁的女郎，拿着红色的牙板，唱'杨柳岸晓风残月'；苏学士您的词呢，需要关西大汉，拿着铜琵琶、铁绰板，唱'大江东去'。"东坡为了这句话而"绝倒"。

"绝倒"是什么意思？这个词可以解释为前仰后合地大笑；在这里，大概就是说话的人说得太妙了，于是听的人佩服得要倒下了。我们现在的网络用语里，有"我倒""晕倒"等说法，表示实在太震惊。这些用语，我觉得都可以追溯到"绝倒"。

这段笔记太著名，同时也非常好地解释了豪放派和婉约派的区别。也就是说，这一段宋人笔记，之所以让我们后人念念不忘，就是因为它非常好地区分了宋词里豪放派和婉约派的区别，并且用了两位词人的代表作，将其特质一针见血地指了出来。这位幕僚实在是一个非常了解苏东坡的人，也是一个对宋词有洞见的人。

豪放派和婉约派，是我们对宋词风格的一种常见区分。豪放、婉约之说最早见于《诗余图谱》："词体大略有二：一体婉约，一体豪放。婉约者欲其辞情蕴藉，豪放者欲其气象恢弘。盖亦存乎其人。如秦少游之作多是婉约；苏子瞻之作多是豪放。大抵词体以婉约为正。"其中秦少游即秦观，苏子瞻即苏轼。

婉约派词作，内容主要侧重儿女风情，音律较为婉转，语言圆润，有一种柔婉之美。婉约派的代表人物有柳永、张先、晏殊、晏几道、欧阳修、秦观、贺铸、周邦彦、李清照等。选段中说的柳七，指的就是柳永，他是婉约派重要的代表词人之一。

柳永一生没做过什么大官，他相当于一个流行歌曲创作者。因为，宋词是可以按照一定的乐曲演唱的。当时有人说，"凡有井水处，皆能歌柳词"（叶梦得《避暑录话》）。意思是凡是有人的地方，就有人会唱柳永的词。这个程度，现在的流行歌手即便在最出名的时候，恐怕也达不到。柳永的词很多，大多数脍炙人口，阿老师也很喜欢。其中，《雨霖铃》是特别有代表性的一首：

　　寒蝉凄切，对长亭晚，骤雨初歇。都门帐饮无绪，留恋处，兰舟催发。执手相看泪眼，竟无语凝噎。念去去，千里烟波，暮霭沉沉楚天阔。

　　多情自古伤离别，更那堪，冷落清秋节！今宵

> 酒醒何处？杨柳岸，晓风残月。此去经年，应是良
> 辰好景虚设。便纵有千种风情，更与何人说！

这首词中，"杨柳岸晓风残月"，因为意象特别美，特别能代表婉约派的词风，而且流传得特别广泛，所以这位幕僚便拿它作为例句。这是很有说服力的。

苏轼则自创一家。他登上词坛的时候，柳永早就风靡天下了。因为柳永比苏轼年纪大，开始创作活动也比苏轼早。苏轼在担任密州太守的时候，写出了第一首豪放词，那就是《江城子·密州出猎》，全词如下：

> 老夫聊发少年狂，左牵黄，右擎苍，锦帽貂裘，
> 千骑卷平冈。为报倾城随太守，亲射虎，看孙郎。
> 酒酣胸胆尚开张，鬓微霜，又何妨！持节云中，
> 何日遣冯唐？会挽雕弓如满月，西北望，射天狼。

苏轼写下《江城子·密州出猎》后，曾对友人说："近却颇作小词，虽无柳七郎风味，亦自是一家。"(《与鲜于子骏书》) 可见苏轼对自己的词作还是很自负的。

苏轼最负盛名的豪放派词作，当属《念奴娇·赤壁怀古》，这是千古绝唱：

> 　　大江东去，浪淘尽，千古风流人物。故垒西边，人道是，三国周郎赤壁。乱石穿空，惊涛拍岸，卷起千堆雪。江山如画，一时多少豪杰。
>
> 　　遥想公瑾当年，小乔初嫁了，雄姿英发。羽扇纶巾，谈笑间，樯橹灰飞烟灭。故国神游，多情应笑我，早生华发。人生如梦，一尊还酹江月。

你看，全词借古抒怀，雄浑苍凉，大气磅礴，笔力遒劲，境界宏阔，将写景、咏史、抒情融为一体，给人以惊心动魄的艺术力量，难怪它被誉为"千古绝唱"。

而这首词中最具有代表性的，就是"大江东去，浪淘尽，千古风流人物"这一句，气势磅礴，一种历史的苍凉感迎面而来。

想来苏东坡在翰林院，问这个会唱歌的幕僚，原是随便聊聊而已，但是这个幕僚，文学审美水平之高、直觉之好、敏锐度之强，都令我们后人叹服。你看，他也不讲什么理论，只是直接拈出两位词人最富有代表性的名句，描述两幅不同的画面，便将其不同特点，一下子呈现在我们面前。这就是极其高明的文学鉴赏能力。

阿老师一点也不相信天赋、灵感这类说法，但我相信，每个人对艺术的直觉都是不同的。我们都会有自己最准确的艺术感受力，如某人对音乐的直觉很好，某人则对美术的直觉很好。阿老师觉得自己对文字的直觉很好。这有点像这位幕僚：轻轻松松说一段话，便将婉约派和豪放派的区别揭示出来。这就是对文字的直觉。

在苏轼之后，豪放派也后继有人。南宋有一位最有代表性的豪放派词人，那就是辛弃疾。文学史上，苏轼和辛弃疾并称"苏辛"。

第二十一讲
沧浪诗话

学诗有三节：其初不识好恶，连篇累牍，肆笔而成；既识羞愧，始生畏缩，成之极难；及其透彻，则七纵八横，信手拈来，头头是道矣。

（严羽《沧浪诗话》选段）

今天我们要讲的这篇又是一则文论，节选自南宋诗论家严羽的《沧浪诗话》。

大概很少有古文课会这么系统地选择一些古代的文论：从曹丕的《典论·论文》，到陆机的《文赋》，到刘勰的《文心雕龙》，到严羽的《沧浪诗话》，再到王国维的《人间词话》。

那么，为什么要选这么多的文论呢？

因为，文论也是中国古典文学里非常重要的一个传统。有文学作品的创作，就有文学理论的提炼。文学理论，是从历代文人的创作中来，然后又指导后代文人写作的东西。懂一点点文论，我们就有可能知道历朝历代的文学是怎么发展过来的，文学何时开始独立，何时开始有生命哲学的思考，何时开始有技术上的专业研究，等等。这有助于我们更好地理解古典文学，也对我们自己的写作有帮助。

以诗话为例。什么叫诗话？诗话自然属于文论的一种，就是这个作者对于诗歌的一些看法，是评论诗歌、诗派、诗人创作得失和记载诗家故事的著作。这符合前面的对文学理论的要求。阿老师以前读诗词的注本，编者都会在这些诗歌的注解里，加上很多古人的诗话评论，我一边读诗，一边读诗话，经常会觉得这些诗话讲得很到位，有助于我们加深对这些诗歌的理解。这也形成了一个非常有意思的传统：对诗歌的精妙点评，往往为诗歌增胜。

关于《沧浪诗话》，这是南宋时代最为重要的诗论作品，对后代的影响很大。

为什么这本书叫《沧浪诗话》？因为严羽住的地

方有一条溪，以沧浪命名，严羽就给自己起了个号，叫"沧浪逋客"。逋客，就是逃亡的人。严羽没有参加科举考试，没有功名，一辈子都是布衣。他逃避的是什么呢？大概就是功名利禄吧。

叫沧浪的河其实蛮多的。之前我们讲《渔父》，这篇文章中引用了一句歌谣："沧浪之水清兮，可以濯吾缨。"这个"沧浪"，和严羽的"沧浪"，必然不是同一个。因为严羽是福建邵武人，邵武有条小溪叫沧浪；而屈原行吟泽畔，那是在湖南。

严羽的《沧浪诗话》中多有真知灼见，为什么这里偏偏选了这一节呢？因为，有个新闻事件，阿老师想跟大家聊一聊。

几年前，媒体报道了一个 14 岁的"天才少女"，她每天可以写 2 000 首诗，让很多人自惭形秽，同时又陷入了深深的迷茫。

这是件很有讨论意义的事。你想想，每天写 2 000 首诗，这符合常识吗？我觉得这位同学，应该读一点《沧浪诗话》，至少读一下阿老师选的这一段。

严羽说，学写诗，有三个阶段，或者有三个要点。

第一个阶段，"其初不识好恶，连篇累牍，肆笔而成"。刚开始学的时候，不知道好坏，每次都连篇累牍，随便放纵笔墨就写成了。敢说自己每天写诗 2 000 首的人，那只能说明，她没见识过更多的诗歌，不知道好坏。

第二个阶段，"既识羞愧，始生畏缩，成之极难"。开始知道诗歌的好坏了，知道什么是羞愧了，在心里生出害怕、担心，然后畏缩不前，很难写成一首诗。

但是，知道写诗是个专门的事情，需要专业素养、语言技巧，以及思想情操之类，本来就是很难的一件事。人贵有自知之明，若没有，一味瞎写，写习惯了，就不容易知道什么是好，什么是不好，也就不会羞愧了；如果不知道羞愧，那就变成无耻了。

第三个阶段，"及其透彻，则七纵八横，信手拈来，头头是道矣"。这里讲的是真正的学有所成的诗人，他们进入了化境。我想，一般人是很难达到的。

当然，严羽还有很多真知灼见。比如，严羽认为，写诗，最重要的不在于学力，而在于"妙悟"。《沧浪诗话·诗辩》中写道："大抵禅道惟在妙悟，诗道亦在妙悟。且孟襄阳学力下韩退之远甚，而其诗独出退之之上者，一味妙悟而已。惟悟乃为当行，乃为本色。"

悟，本来是佛教的用语，我们之前讲过惠能，知道顿悟和渐悟。严羽借用了佛教的说法，把"悟"这个字，用在了诗歌创作和评论上，这是严羽的首创，对后代影响很大。

那么，妙悟从何而来呢？这当然来源于对好的诗歌作品的熟读与涵泳。所以，我们学古文，背诵古诗，就是对一流文学作品的涵泳和学习；诗歌读多了，自然而然生出对诗歌的感觉。这是一种直觉。那么，哪些诗歌是值得学习和背诵的呢？这就需要对诗歌艺术做出正确的鉴别，严羽称之为诗识。《沧浪诗话·诗辩》中所谓"学诗者以识为主：入门须正，立志须高，以汉魏晋盛唐为师，不作开元天宝以下人物"，指的就是这种从艺术意境、风格上识别诗作邪正高下深浅的能力；有了这种能力，才能选择合适的学习对象，达到"取法乎上"的目的。

比如，严羽很多评论李白和杜甫的句子就相当客观公允，他不会因为自己的好恶，而抬高一个，打击一个。

"李杜二公正不当优劣，太白有一二妙处子美不能道，子美有一二妙处太白不能作。"

李白和杜甫两位不能以优劣来评论，李白有些妙处，是杜甫没能力说的；杜甫也有些妙处，是李白写不出来的。

"子美不能为太白之飘逸，太白不能为子美之沉郁。"

杜甫写不出李白的飘逸，李白也写不出杜甫的沉郁。

阿老师最喜欢的词论作者叫龙榆生，他非常推崇严羽"学诗有三节"这段话，曾经在《论欣赏和创作》中写道："我们每一个有成就的卓越诗人或艺术家，都得经过这三个阶段。其实这就是思想性和艺术性的结合问题，是继承和创作的关系问题，我们上一辈的文学理论家却只把它叫作'能入'和'能出'。"

而最后阶段，也就是严羽所说的"透彻"阶段，诗家称之为"妙悟"，词家称之为"浑化"，这也是陆游所说的"文章本天成，妙手偶得之"（《文章》）。其中的道理，是相通的。

因此，多读，才是我们提高写作能力的不二法门。

第二十二讲
李白

　　白，字太白，山东人。母梦长庚星而诞，因以命之。十岁通五经，自梦笔头生花，后天才赡逸，名闻天下。喜纵横，击剑为任侠。轻财好施。更客任城，与孔巢父、韩准、裴政、张叔明、陶沔居徂徕山中，日沉饮，号"竹溪六逸"。天宝初，自蜀至长安，道未振，以所业投贺知章，读至《蜀道难》，叹曰："子谪仙人也。"乃解金龟换酒，终日相乐。遂荐于玄宗，召见金銮殿，论时事，因奏颂一篇，帝喜，赐食，亲为调羹，诏供奉翰林。尝大醉上前，草诏，使高力士脱靴，力士耻之，摘其《清平调》中飞燕事，以激怒贵妃，帝每欲与官，妃辄沮之。白益傲放，与贺知章、李适之、汝阳王琎、崔宗之、苏晋、张旭、焦遂为"饮酒八仙人"。恳求还山，赐黄金，诏放归。

（辛文房《唐才子传》选段）

　　我还是个小学生的时候，有个疑问：老师总是跟我们说李白字太白，可是，为什么李白字太白？难道李白的字写得很白很白，太白了，白得一塌糊涂吗？难道李白一直像老师一样，用白粉笔写字吗？阿老师还是小学生的时候，胆子很小，又在乡下念书，有很多疑问，不敢去问老师，也没有什么资料可参考；但现在想来，很多问题，即便去问老师，老师也不一定能帮我解决吧。

　　李白字太白这回事，阿老师是读了《唐才子传》之后，才真正明白的。古人有名有字，字是来解释名的，这个我们之前已经讲过。那么李白为什么字太白呢？因为，李白出生前，他的妈妈梦见了太白金星。选文里说的"长庚"，指的就是金星，又叫太白金星。李白因此得名，也因此得字。

　　金星是太阳系八大行星中从太阳向外数的第二颗

行星，也是离地球最近的行星。我们每个人肯定都看到过金星，用肉眼就能看到，因为这是夜空中最为明亮的行星。这颗星经常跟我们见面：早晨出现在东方，被称为启明星；晚上出现在西方，被称为长庚星。所以《诗经》里说"东有启明，西有长庚"。

就这样，阿老师到念大学时，才明白李白的这个"白"字，不是"雪白"的"白"，而是"太白金星"的"白"。

这段短文选自《唐才子传》，这本书的作者叫辛文房。辛文房是元朝人，原来是西域人士，具体生卒年已不可考，我们只知道他生活在元朝前期，还担任过朝廷的一些职位。

《唐才子传》这本书，顾名思义，就是唐朝才子的传记。虽然号称"才子传"，实际上这本书是以诗歌写得好不好作为主要依据选择传主的，别的方面，比如德行、功业、身世等，一概不论；即便是历史上公认的乱臣贼子，只要诗写得还好，也会被收录；和尚道士，或老百姓，以诗才见长，在本书中以传主身份出现者也不在少数；而名臣大员如姚崇、宋璟，硕学如颜师古等虽有诗传世，但不以诗才见称于世，故该书皆不录。

这本书对中晚唐诗人之事迹所记尤详，也记录了部分五代诗人，所记诗人以登第先后为序。所谓登第，就是考中进士。可以说，书中保存了唐代诗人大量的生平资料，对其科举经历的记叙更为详备。

我们节选的这一段，讲的是李白，充满了神话和传奇色彩，是历来广为人知，并且广受喜欢的语段。阿老师先来解释一下。

> "白，字太白，山东人。母梦长庚星而诞，因以命之。"

这句讲的主要是李白的母亲梦见长庚星入怀，李白因而得名的事。

> "十岁通五经，自梦笔头生花，后天才赡逸，名闻天下。"

这里有个典故，就是"梦笔生花"的故事。李白梦见自己的笔头开出了花朵，后来就非常有才华，名声很大，全天下都知道了。

这个故事真是很令人羡慕。试想我们求学期间，最怕的一件事情就是写作文。而李白做了个梦，梦见自己的笔头生花了，之后就很有文才，成为中国最著名的诗人之一。看来，与其苦学写作，不如"南柯一梦"啊。阿老师也以写作为生，但从来没做过这个梦，只好每天辛辛苦苦地敲键盘，以致腰椎间盘突出。如果李白是天才诗人，那么阿老师就是苦吟派，是贾岛这种类型的。当然，这还是给自己脸上贴金了。

"喜纵横，击剑为任侠。轻财好施。"

李白喜欢纵横家的那一套，就是战国时苏秦、张仪的那套外交战术。苏秦游说六国推动六国最终联合抗秦。秦在西方，六国在东方，因六国土地南北相连，故称合纵；与合纵相对，后来秦国自西向东与各诸侯结交，因东西为横向，故称连横。

李白还喜欢击剑，想当侠客。他有一首《侠客行》特别著名，写得豪气干云、不可一世：

赵客缦胡缨，吴钩霜雪明。

银鞍照白马，飒沓如流星。

十步杀一人，千里不留行。

事了拂衣去，深藏身与名。

　　"更客任城，与孔巢父、韩准、裴政、张叔明、陶沔居徂徕山中，日沉饮，号'竹溪六逸'。"

后来，李白客居任城（今属山东济宁），跟孔巢父、韩准、裴政、张叔明、陶沔等人居住在徂徕山中，每天都喝酒，号称"竹溪六逸"。

　　"天宝初，自蜀至长安，道未振，以所业投贺知章，读至《蜀道难》，叹曰：'子谪仙人也。'乃解金龟换酒，终日相乐。"

唐玄宗天宝初年，大概是公元742年，李白离开蜀地——就是现在的四川——来到长安。"道未振"意思是说，李白的名声还不是特别大，他想从事的事业还没有起色。因此，李白就拿着自己的诗歌，去献给贺知章。贺知章是当时很著名的诗人，也算是文坛领袖。贺知章读李白的诗歌，读到《蜀道难》，不由得感叹："李白，你是被贬谪到人间的仙人啊！"这样，李白就有了一个外号，叫作"谪仙人"。

　　"金龟换酒"也是一个典故。金龟，是唐代官员的一种佩饰，不是金子打的乌龟，而是一种袋子，上面有龟的图案，三品以上高官所用的袋子，才可以用金子来装饰。解下金龟换美酒，表示贺知章对李白的喜爱到了不吝钱财、不在意职位的地步。

"遂荐于玄宗，召见金銮殿，论时事，因奏颂一篇，帝喜，赐食，亲为调羹，诏供奉翰林。"

于是贺知章就把李白推荐给唐玄宗。李白在金銮殿被召见，谈论时下大势，并献上了一篇颂文。唐玄宗非常开心，赐李白美食，还亲手为李白调制羹汤，让李白担任翰林供奉。这个"亲为调羹"，我猜，大概就是皇帝亲手给李白盛了一碗羹汤吧，虽然是小举动，但因为是皇帝做的，所以显得很荣耀，这里要特别指明。

"尝大醉上前，草诏，使高力士脱靴，力士耻之，摘其《清平调》中飞燕事，以激怒贵妃，帝每欲与官，妃辄沮之。"

曾经有一次，李白要起草一篇诏书，乘酒醉让高力士给他脱靴。高力士引以为耻，就对杨贵妃说："李白写了三首《清平调》，里面把您比作赵飞燕，这是对您的不敬，是对您的羞辱。"因为赵飞燕的下场很不好，杨贵妃就生气了，每次唐玄宗想要给李白升官，杨贵妃就阻止他。

李白写的《清平调》自然很好，格调高致，一共有三首，其中第二首就写到了赵飞燕：

一枝秾艳露凝霜，云雨巫山枉断肠。
借问汉宫谁得似，可怜飞燕倚新妆。

这首诗本来是盛赞杨贵妃美貌的，可经过高力士一番过度解读，李白想不得罪杨贵妃也不可能了。如今我们还是经常把赵飞燕和杨贵妃相提并论，还有个词语，叫作"环肥燕瘦"："环"，指的就是杨玉环；"燕"，就是赵飞燕。唐人以胖为美，杨贵妃想必没有赵飞燕那么苗条。

"白益傲放，与贺知章、李适之、汝阳王琎、崔宗之、苏晋、张旭、焦遂为'饮酒八仙人'。恳求还山，赐黄金，诏放归。"

于是李白更加狂傲放荡，和贺知章、李适之、汝阳王琎、崔宗之、苏晋、张旭、焦遂七个人，合称"饮酒八仙人"。这就是杜甫著名的诗歌《饮中八仙歌》所描述的人和事，其中描写李白的诗句，我们一定听说过：

李白一斗诗百篇，长安市上酒家眠。
天子呼来不上船，自称臣是酒中仙。

因为在京城里郁郁不得志，所以李白求唐玄宗罢免他的官职，让他回山里隐居。唐玄宗答应了李白，赐给了他很多金子，并让他离开京城。

这以后不久，安史之乱就爆发了。李白的一生，也以安史之乱为转折，前半生，还算是处于和平年代，李白很潇洒。安史之乱之后，李白在永王李璘手下当幕僚。后来，永王兵败，李白被抓到监狱里，免于一死，被流放到夜郎。这个夜郎，就是现在的贵州桐梓一带。后来他又得以免除流放，在华夏大地上到处漫游。

但李白还是喝酒，总是喝得醉醺醺的。传说李白有一次在乘船渡过牛渚矶的时候，喝醉了，看到天上一个月亮，水中一个月亮，心想：月亮怎么掉到水里了？他就去水里抓月亮，不小心掉进了水里，从此不知所终。

我们中国人太爱李白了，所以都不肯说李白死了，只是说李白水遁了，从此不知所终。李白只是失踪了，他从来没有死去。

阿老师讲《春夜宴从弟桃花园序》，结束的时候，引用了余光中的诗歌《寻李白》的前半部分。这首诗的后半部分，也写到了李白的归宿，余光中也不认为李白死了：李白不是谪仙人吗？他一定是被一只飞碟接回天上去了。

在《寻李白》的最后，余光中是这样写的：

樽中月影，或许那才是你故乡

常得你一生痴痴地仰望

而无论出门向西笑，向西哭

长安都早已陷落

这二十四万里的归程

也不必惊动大鹏了，也无须招鹤

只消把酒杯向半空一扔

便旋成一只霍霍的飞碟

诡绿的闪光愈转愈快

接你回传说里去

然而，李白的墓地确实是有的，就在今天的安徽省马鞍山市当涂县。这个地方在古代曾属宣城管辖，李白很喜欢谢朓，谢朓是南齐的宣城太守。李白"一生低首谢宣城"（王士禛《论诗绝句》），宣城这个地方他去过很多次，留下了很多关于宣城的名句。我想，李白死后埋骨宣城，也很合适。宣城离浙江很近，阿老师却从来没去过，这也太奇怪了。但我想，我一定会去的。

第二十三讲
传习录

你未看此花时，此花与汝心同归于寂。你来看此花时，则此花颜色一时明白起来。便知此花不在你的心外。

（王阳明《传习录》选段）

今天我们讲王阳明的一句名言。从王阳明开始，我们会连续谈及明代的五位文学家和思想家，其他四位就是李贽、徐渭、王思任、张岱。这里有一个巧合，这五个人中，有四个是绍兴人。

这倒不是因为阿老师也在绍兴，对绍兴人有所偏爱；而是因为，我们涉猎古典文学，当时代推进到明朝的时候，这几个人确实是没有办法避开的。这不是偏爱，而是必然。当然，这跟当时绍兴府的文风盛极一时有关。但这属于题外话，这里暂不涉及。

王阳明的出生地在现在的余姚，属宁波管辖；但在明朝的时候，它还属于绍兴府，所以我们也认为王阳明是绍兴人。他所创立的心学，在当时就很有影响，现在依然炙手可热。我们来聊一下王阳明其人吧。

王阳明，本名王守仁，"阳明"是他的号。他被贬贵州，所居之处有阳明洞，因此以之为号。明宪宗成化八年（1472），王守仁出生于余姚一个显赫的家庭，父亲王华是成化十七年（1481）状元，官至南京吏部尚书。

王守仁天生有特殊的气质。传说，他的母亲怀孕十四个月才分娩，在他诞生之前，他的祖母梦见天神衣绯玉，云中鼓吹，抱一赤子，从天而降，祖父遂为他取名为"云"，并将他居住的地方起名为"瑞云楼"。这一类传说，我们讲李白的时候就听说了，李白也是降生之初就不同凡响。但这仅是传说，跟事实是有距离的。

据说，王守仁五岁仍不会说话，但已能默记祖父读过的书。有一高僧过其家，摸着他的头说："好个孩儿，可惜道破。"祖父根据《论语·卫灵公》所云"知及之，仁不能守之，虽得之，必失之"，为他改名为"守仁"，随后他就开口说话了。这也是传说，给王阳明的一生增加了神奇色彩，我们阅读时，需要加以区分。

父亲王华喜爱绍兴的山水，便举家离开余姚，移居绍兴府城。幼年的王守仁，有着良好的家世，也拥有一个非常优越的学习环境。在现在的绍兴城北北海小区附近，有王阳明故居，近年修复开放，建筑颇可一观。

王守仁十八岁时，乘船经过广信，拜谒了娄谅。娄谅向他讲授了"格物致知"之学，王守仁甚喜。之后他遍读朱熹的著作，思考宋儒所谓"众物必有表里精粗，即一草一木皆涵至理"（《阳明先生年谱3卷》）的学说。为了实践朱熹的"格物致知"，有一次他下决心穷竹之理，"格"了七天七夜竹子。他是怎么格的？原来他就是对着竹子发呆。王守仁不仅什么都没发现，还因此病倒了。

王守仁被贬官后，来到贵州龙场，那里"万山丛薄，苗、僚杂居"《明史》，在当时还是未开化的地区。王守仁没有气馁，根据风俗开化教导当地人，受到民众爱戴。这个时期，他对《大学》的中心思想有了新的领悟。王守仁认识到"圣人之道，吾性自足，向之求理于事物者误也"。他在这时期写了《教条示龙场诸生》，史称"龙场悟道"。

我们今天要讲的选段，出自《传习录》。据说一次王阳明与朋友同游，友人指着岩中花树问道：

> "天下无心外之物，如此花树，在深山中自开自落，于我心亦何相关？"

王阳明回答说：

> "你未看此花时，此花与汝心同归于寂。你来看此花时，则此花颜色一时明白起来。便知此花不在你的心外。"

王阳明认为：看见花时，感觉到了，花就存在；没有看见时，感觉不到，花就不存在。所以说，"心外无物"是指心乃生发意义的源泉，不致"良知"，外在世界尽管五彩缤纷，但对我们毫无意义可言。

我们现在如何评价这句话，如何评价这个哲学观点呢？今天区区一篇小文，是讲述不尽了。但这句话，却象征着中国哲学的一个转向，即从外在之理，转向内心的感悟。因而这句话才被后代不断记述。

1529 年 1 月 9 日，王阳明病逝于江西南安府大庾县青龙港（今江西省大余县境内）舟中。临终之际，弟子问他有何遗言，他说："此心光明，亦复何言！"（沈佳《明儒言行录12卷》）

现在，在余姚和绍兴，都有王阳明的故居。而王阳明的墓园，位于浙江省绍兴市书法圣地兰亭镇以南二里许的仙暇山庄内。有朋友来绍兴，我都会带他们去看王阳明故居和王阳明墓。

王阳明故居修整之后，现在已经成了一个著名景点，颇可一观。犹记得尚未修好的那阵子，王阳明故居遗址在一条弄堂之中，汽车开不进去，停得很远。我带着几位好朋友去寻找旧踪，七拐八拐之后，豁然开朗。我指着一堆残砖破瓦，说："看，这就是王阳明故居。"

这个境界，跟"你来看此花时"，是不是有几分相似？

第二十四讲
童心说

　　童子者，人之初也；童心者，心之初也。夫心之初，曷可失也？然童心胡然而遽失也？盖方其始也，有闻见从耳目而入，而以为主于其内而童心失。其长也，有道理从闻见而入，而以为主于其内而童心失。其久也，道理闻见日以益多，则所知所觉日以益广，于是焉又知美名之可好也，而务欲以扬之而童心失。知不美之名之可丑也，而务欲以掩之而童心失。夫道理闻见，皆自多读书识义理而来也。古之圣人，曷尝不读书哉？然纵不读书，童心固自在也；纵多读书，亦以护此童心而使之勿失焉耳，非若学者反以多读书识义理而反障之也。夫学者既以多读书识义理障其童

155

心矣，圣人又何用多著书立言以障学人为耶？
童心既障，于是发而为言语，则言语不由衷；
见而为政事，则政事无根柢；著而为文辞，则
文辞不能达。非内含于章美也，非笃实生辉光
也，欲求一句有德之言，卒不可得。所以者
何？以童心既障，而以从外入者闻见道理为之
心也。

(李贽《童心说》选段)

李贽生活在明朝中后期，在文学史上，以提出"童心说"而闻名于世，被后人称道。我们聊到晚明，就不得不提李贽。

李贽于明世宗嘉靖六年（1527）出生于福建泉州府南门外（2022 年阿老师到泉州，本想去找找他的故居，奈何来去匆匆，缘悭一面），幼年丧母，随父读书，学业进步迅速。李贽 12 岁就写出了《老农老圃论》，把孔子视种田人为"小人"的言论大大挖苦了一番，轰动乡里；26 岁中举人，30 岁至 45 岁为官，先后任河南辉县

教谕、南京国子监博士、北京国子监博士、北京礼部司务、南京刑部员外郎和郎中，最后出任云南姚安知府。万历九年（1581），李贽从云南辞职，来到湖北黄安（今湖北红安），住在朋友耿定理家，撰写一些读史的文章，并教授耿家子弟。

李贽倡导绝假存真、有真情实感的"童心说"。我们这里选的片段，就出自《童心说》，大意如下：

儿童，是人生的开始；童心，是心灵的本源。心灵的本源怎么可以遗失呢！那么，童心为什么会贸然失落呢？人在启蒙时期，通过耳闻目睹会获得大量的感性知识，长大之后，又学到更多的理性知识，而这些后天得来的感性的见闻和理性的道理一进入主人的心灵之后，童心也就失落了。久而久之，所得的道理、见闻日益增多，所能感知、觉察的范围也日益扩大，从而明白美名是好的，就千方百计地扬名立万；知道恶名是丑的，便挖空心思地遮盖掩饰，这样一来，童心也就不复存在了。见闻、道理，都是人通过多读书、多明理获得的。古代的圣贤又何尝不是读书识理的人呢？然而，圣人们不读书时，童心自然存而不失；纵使多读书，他们也能守护童心，不使失落，绝不像那班书生，反会因为比旁人多读书识理而壅塞了自己的童心。既然书生会因为多读书识理而壅塞童心，那么圣人又何必热衷于著书立说以至于迷人心窍呢？人的童心一旦壅塞，说出话来，也是言不由衷；参与政事，也没有真诚的出发点；写成文章，也无法明白畅达。其实，一个人如果不是胸怀美质而溢于言表、具有真才实学而自然流露的话，那么人们从他嘴里连一句有道德修养的真话也听不到。为什么呢？原因就在于童心已失，而后天得到的见闻、道理却入主心灵。

"童心"就是"绝假纯真，最初一念之本心"。这种"本心"是最纯洁的，未受一切污染的，因而它也是最完美的，具有一切美好的可能性。

"童子者，人之初也；童心者，心之初也。"童心实则是人的个性和主体价值的自觉。如果丧失了这种自觉，那么，人就失去了个体价值，人就不能再以一个真实的主体而存在，这正如本讲选段之前的一段话所揭示的："若失却童心，便失却真心；失却真心，便失却真人。人而非真，全不复有初矣。"

在一本著名的历史著作《万历十五年》里，作者黄仁宇用了整整一章的篇幅来写李贽。这一章的标题叫

"李贽：自相冲突的哲学家"。

李贽的自相冲突，首先指的是他的哲学观点，但就我们非专业的读者而言，这也许还是其次的。李贽身上更主要的冲突在于，他的离经叛道，令时人侧目。他一点都不管不顾当时的流俗，也不管物议横生，一心只做自己的事情。他给自己写的书起名"藏书"和"焚书"，意思就是说，他的书不是要被藏起来，就是要被烧掉。但是我们又不得不说，李贽的先见之明还是差了一点，他的书，没有完全被藏起来，更没有被烧掉，而是经常被后人谈及。

李贽所谓的离经叛道，大致表现在几个方面。一个是激烈地反对传统儒学，反对假道学，尤其是反对理学，就是我们之前说的《爱莲说》的作者周敦颐开创的那个儒学流派。

一个是主张个性解放。他认为要获得个性解放和思想自由，就必须打破孔孟之道及其变种宋明理学的垄断地位，冲破儒家经典所设置的各种思想禁区。他主张每一个人都应该是有自我理性的，以自己的是非为是非，而非听从儒家教条。

还有一个，就是尊重女性。李贽反对歧视妇女，对礼教宗法制度压迫下的妇女，给予深深的同情，并大声疾呼，为妇女鸣不平。

李贽批判了"男子之见尽长，女子之见尽短"的说法。现在还有一句类似的俗话，说女人"头发长，见识短"，这自然是偏见，是男女不平等观念的遗留。

有人说"妇女见短，不堪学道"的时候，李贽驳斥说，人们的见识是由人们所处的环境决定的，并不是先天带来的。李贽晚年讲学，女子也来听讲。这在当时那个男尊女卑的时代，是相当了不起的。在男女平权方面，李贽可谓先驱。但遗憾的是，因为时代的局限，李贽并不是我们现在所理解的"女权主义者"，他对妇女守节这件事，还是看得很重。什么叫守节？大概就是丈夫去世了，女子也不改嫁，坚持守寡。

李贽的离经叛道，引来了物议汹汹。万历三十年（1602），礼部给事中张问达秉承首辅沈一贯的旨意，上奏神宗，攻讦李贽。读过《万历十五年》，我们就会知道，万历皇帝于治国一事，不闻不问，一直跟文官集团过不去。但在这件事上，万历皇帝却听从了首辅大学士的建议，以"敢倡乱道，惑世诬民"的罪名逮捕了李贽，并焚毁了他的著作。

　　李贽曾于万历十六年（1588）剃发修行。在生命最后的年头，李贽在狱中要侍者为他剃头，趁侍者离开的间隙，他用剃刀割喉自尽。侍者问李贽："和尚痛否？"李贽答："不痛。"侍者又问："和尚何自割？"李贽答："七十老翁何所求！"（袁中道《李温陵传》）

　　据袁中道记载，李贽自刎后并没有立刻死去，两天后才得脱离苦海，为他悲壮激越、愤世嫉俗而又自相冲突的一生，画上了句号。

第二十五讲
与马策之

> 发白齿摇矣，犹把一寸毛锥，走数千里道，营营一冷坑上；此与老牯踉跄以耕，拽犁不动，而泪渍肩疮者，何异？噫！可悲也！每至菱笋候，必兀坐神驰；而尤摇摇者，策之之所也。厨书幸为好收藏，归而尚健，当与吾子读之也。
>
> （徐渭《与马策之》）

浙江绍兴，古越之地，自衣冠南渡，这里逐渐得到开发，成为文化重镇，走出了许许多多的杰出文人。这些文人留下了千古佳作，供我们后人学习瞻仰。之前，我们读了王羲之的《兰亭集序》，还读了张岱的《自题小像》，今天我们要讲的这个人，是一个奇才，一个怪侠，生前过得狼狈不堪、穷困潦倒，死后却被誉为天才，乃至郑板桥要刻一枚印章，上面写"青藤门下牛马走"几个字，意思是情愿做这个人门下的走狗。这个人，就是徐渭。

徐渭的故居，叫青藤书屋，在现在的绍兴市内，离阿老师办公的地方很近，步行 10 分钟即可到达。徐渭的墓园，在兰亭镇，附近有一个木客大冢，埋葬着越王勾践的父亲允常。徐渭的坟墓，与之比邻。阿老师因为喜欢徐渭，就喜欢带着朋友去看徐渭的墓园。徐渭生前潦倒，死后也发迹不到哪里去，不存在所谓的哀荣。徐渭的墓，是很小、很冷僻的一处所在，属于他们家祖传的墓地，虽然是文物保护单位，但一般人都不会去，因此寥落而寂寞，少有人知。

阿老师第一次去徐渭墓园，是跟着手机里的地图导航去的，带了几个朋友，到那却发现门锁着，没人看守，也没人打理。但我们总不能过其门而不入吧。于是，淘气的阿老师，就翻过围墙，进入了墓园，也算是看到了徐渭的墓地。

当然，这是不文明的举动，读者切莫学样。阿老师年轻时翻过很多墙，包括学校围墙、西安城墙。后来，阿老师认识到了自己的错误，而且也上了年纪，腿脚不便了，就不再翻了，所以后来每次去徐渭墓园，都是毕恭毕敬从大门进去的。

徐渭跟张岱的曾祖父张元忭是好朋友，年纪比张岱大好多，张岱也只是小时候从祖父嘴里听过徐渭的故事。徐渭和张元忭都是绍兴人，不同的是，徐渭只考中了秀才，到头来也只是一个秀才；而张元忭则是状元，所以张家一直是贵族之家，张岱自小锦衣玉食，一直到国变。

一个人在帝王专制时代的悲剧，大概是命中注定的。徐渭满腹经纶，才华横溢，但总是拙于应试，一辈子怀才不遇，晚年佯狂成疾，这是那个时代的病症在个人身上的体现。徐渭因为没有中举，一辈子是个秀才，所以最多只能去当别人的幕僚，也就是师爷。绍兴知名的师爷，徐渭也是其中之一。

他曾在胡宗宪手下任参谋，入幕之初，徐渭为胡宗宪创作了《进白鹿表》，受到了明世宗朱厚熜的赏识。自此，胡宗宪对他更为倚重。这段时间，大概是徐渭仅有的过得比较舒适的时期。但是胡宗宪攀附权相严嵩，就是明朝那个著名的奸相严嵩。严嵩倒台，胡宗宪也下狱，最后死在监狱里。徐渭作为胡宗宪的幕僚，自然也提心吊胆。

其实，用我们现在的精神分析学来看，徐渭可能是一个精神分裂症患者。他疯掉了，在幻觉中，九次自杀未遂；虽然没把自己杀死，却在一次发狂时把自己的妻子张氏杀了。徐渭被判入狱服刑，七年后，在好友诸大绶和张元忭的帮助下，因明神宗登基大赦而出狱。徐渭生计无着，年轻时的朋友吴兑倒是当了大官，向他发出了邀请。就这样，徐渭北上当了吴兑的幕僚。给马策之的这封信，就是这时写的。马策之是徐渭的门生。我们来解释一下这封信：

"我头发白了，牙齿也摇动了，还拿着一支秃笔，走数千里的远路，在一个冰冷的炕上做幕僚这个营生。我跟一头跟跟跄跄地耕地、犁也拉不动、满脸都是泪痕、肩膀上都长了疮疤的老牯牛有什么区别呢？唉，可悲啊！每当菱角和竹笋长出来的春天（'菱笋'就是菱角和竹笋，是江南水乡的特产，这里借以表达对家乡的思念），我就一定呆坐着，心旌摇摇，所想念的，就是策之你所在的地方——故乡啊！书柜里的书，请你好好替我收藏，我回来的时候，希望它们都还在，我会跟你一起读的。"

这个时候，徐渭已经 50 多岁了。在古代，他已经算是老人了，还要跑这么远去谋生，显得很艰苦。所以徐渭用老牯牛来比喻自己，真是句句泣血。

但是徐渭在吴兑这里没做多久，就离开了，又回到了故乡。后来，他又受到老朋友张元忭的邀请去北京，但不久又跟张元忭闹翻了。为什么他这么容易跟人闹翻？这也是徐渭的个性使然。

晚年乡居，住在绍兴的日子里，徐渭越发厌恶富贵者与礼法之士，所交游的大都是过去的朋友和追随他的门生。常"忍饥月下独徘徊"，杜门谢客，据说有人来访，徐渭不愿见，便手推柴门大呼："徐渭不在！"张元忭去世时，徐渭往张家吊唁，抚棺痛哭，不告姓名便离去。

万历二十一年（1593），徐渭在穷困潦倒中去世，终年七十三岁，葬于绍兴城南木栅山。死前，徐渭写有《畸谱》，记述自己坎坷的人生经历。他去世时，身边唯有一狗与之相伴，床上连一领席子都没有，可谓贫病交加，孤老而死。

我们现在去青藤书屋，会发现这是一个很小很小的院子，客厅里挂着一副对联：

几间东倒西歪屋，

一个南腔北调人。

这就是徐渭的自况。千载之下，谁知徐渭的痛苦？

第二十六讲
让马瑶草

阁下文采风流，才情义侠，职素钦慕。即当国破众疑之际，爰立今上，以定时局，以为古之郭汾阳，今之于少保也。然而一立之后，阁下气骄腹满，政本自由，兵权独握。从不讲战守之事，只知贪黩之谋，酒色逢君，门墙固党，以致人心解体，士气不扬。叛兵至则束手无策，强敌来而先期以走，致令乘舆播迁，社稷丘墟。阁下谋国至此，即喙长三尺，亦何以自解？

以职上计，莫若明水一盂，自刭以谢天下，则忠愤节义之士，尚尔相谅无他。若但求全首领，亦当立解枢权，授之才能清正大臣，以召英雄豪杰，呼号愓励，犹当幸望中兴。如或逍遥湖上，潦倒烟霞，仍效贾似道之故辙，千古笑齿，已经冷绝。再不然如伯嚭渡江，吾越乃报仇雪耻之国，非藏垢纳污之区也，职请先赴胥涛，乞素车白马，以拒阁下。上干洪怒，死不赎辜。阁下以国法处之，则当束身以候缇骑；私法处之，则当引领以待钼麎。

（王思任《让马瑶草》）

1644 年，甲申国变，明亡。这是一段很惨烈的时期。越是这样的时期，越是会显示出一个人的风骨和气质。

面对清军的屠刀，有投降的，比如钱谦益，留下了千古汉奸之名；也有很多有风骨的人出现，事迹至今流传，可谓流芳百世。在绍兴，很多读书人都当过明朝的官员，他们就用各自不同的方式，拒绝和清朝合作。比如我们经常提到的张岱，隐居嵊县（今浙江嵊州），著书为生，在文章里追忆前朝的繁华。有一个叫刘宗周的，被视为浙东学派的领袖，明亡之后，他就隐居在蕺山之上，绝食而死，效仿伯夷、叔齐，"不食周粟"。

当时绍兴还有一个叫王思任的文人，也辟居乡间，"不食周粟"，绝食而死。这个王思任也是明代的著名文学家，他有千古名句流传至今，就是我们今天要讲的《让马瑶草》里的"吾越乃报仇雪耻之国，非藏垢纳污之区也"这一句。如今，你去街头巷尾，问问绍兴本地人，大凡有一点点文化的，就都知道这句话。这句话，是对绍兴这个地方地域性格的一种深刻描绘。

王思任和张岱所处的时代差不多，他跟张岱也是认识的，但是比张岱大 20 多岁。张岱因为曾祖父跟徐渭是好朋友，所以编辑过徐渭的文集，还请了王思任来编纂。但如果不是《让马瑶草》这篇文章，不是那句名句，王思任恐怕不会像现在这么出名。

我们来说一下究竟是怎么回事。

马瑶草就是马士英，约生于公元 1591 年，卒于公元 1646 年，字瑶草，贵州贵阳人，明末大臣，官至内阁首辅。内阁首辅，这是很大的官，相当于宰相了。

"让马瑶草"，"让"是责备的意思。

1644 年，明亡，崇祯皇帝吊死在煤山上。马士英和史可法就商量立福王为帝，在南京继续抗清。但是有一种说法，说南明小朝廷建立之后，马士英终日沉湎酒色歌舞，不思报仇雪耻，于是，南明政权迅速土崩瓦解，东南士气为之大挫。南京城破，马士英假借皇太后旗号，逃窜入浙，浙人愤怒，王思任就写了《让马瑶草》来责骂马士英。这篇文章的大意如下：

"阁下又有文采又风流倜傥，富有才情又有侠义风范，这是我素日里最为钦佩仰慕的。当国家灭亡，众人都惧怕而摇摆不定的时候，是你拥立了当今的皇上，稳定了朝廷大局，人们都把你当作古时候的郭汾阳，今天的少保于谦。但是拥立皇上之后，阁下就开始气骄腹满起来，国家大事由着你自己来，独自一人掌握兵权。你从不演练战争守备，而只知盘算贪污的勾当，用酒色来逢迎皇上，树立门墙，营私结党，以致人心涣散，士气低沉。叛兵来到却束手无策，强敌临城却最先想着逃跑，以致皇上东奔西走不断迁移，江山社稷沦为废墟荒地。阁下治理国家到了这个地步，即使再能言善辩，怕是也脱不了干系吧？"

"以我的看法，你不如自己准备一盂清水认清自己的行为，然后自刎以谢天下，那么天下的忠愤节义之士，或许还能原谅你，除此之外，没有其他的办法了。如果你只求保全自己的脑袋，也应当立即解除自己的重要职位，将权力授给那些有才能、清明正直的大臣，以此唤起英雄豪杰，奋发激励，如此，国家才仍有复兴的希望。或者在湖上逍遥，在烟霞山水之间潦倒地度过余生，重蹈贾似道的覆辙，为千古后世所耻笑；再不然就像伯嚭那样渡江做个降臣，我们浙江乃是讲究报仇雪耻的地方，不是藏污纳垢的地方。如果阁下来这里的话，我将率先投身钱塘江，像伍子胥那样，死后站立江涛之中，乘素车白马来抗拒阁下。这封信公布后，必将触怒阁下，招致不测之祸。如果阁下要以国法来处置我，那么我就自束己身等着你；如果你要以私法来处置我，我也已做好准备伸出脖子等着刺客前来割取首级。"

然而，历史的事实，真的是扑朔迷离。马士英真的祸国殃民吗？其实也有另外的说法。马士英后来坚持抗清，兵败后逃入四明山削发为僧，但是被奸细告密，被俘就义。马士英在大节上是不亏的，至少，我们不能说马士英是个汉奸。王思任这么骂他，也有偏颇之处。这大概就是同为当代人，信息的占有不够全面导致的吧。

误会就是这样造成的，但"吾越乃报仇雪耻之国，非藏垢纳污之区也"这句话本身仍然掷地有声。而这句话之所以在后代广为人知，大概也是因为鲁迅的引用。鲁迅在《女吊》一文的开头说："大概是明末的王思任说的罢：'会稽乃报仇雪耻之乡，非藏垢纳污之地！'"

对于绍兴人来说，这些文士，这些掷地有声的名句，会带来很多光彩，但对马英士本人，却是不公平的。

第二十七讲
西湖梦寻

　　余生不辰，阔别西湖二十八载，然西湖无日不入吾梦中，而梦中之西湖，实未尝一日别余也。前甲午、丁酉，两至西湖，如涌金门、商氏之楼外楼、祁氏之偶居、钱氏余氏之别墅及余家之寄园，一带湖庄，仅存瓦砾，则是余梦中所有者，反为西湖所无。及至断桥一望，凡昔日之弱柳夭桃、歌楼舞榭，如洪水湮没，百不存一矣。余乃急急走避，谓余为西湖而来，今所见若此，反不若保吾梦中之西湖，尚得完全无恙也。因想余梦与李供奉异，供奉之梦天姥也，如神女名姝，梦所未见，其梦也幻；余之梦西湖也，如家园眷属，梦所故有，其梦也真。今余傠居他氏已二十三载，梦中犹在故居。旧役小傒，今已白头，梦中仍是总角。夙习未除，故态难脱，而今而后，余但向蝶庵岑寂，蘧榻于徐，惟吾旧梦是保，一派西湖景色犹端然未动也。儿曹诘问，偶为言之，总是梦中说梦，非魇即呓也，因作《梦寻》七十二则，留之后世，以作西湖之影。余犹山中人归自海上，盛称海错之美，乡人竞来共舐其眼。嗟嗟！金齑瑶柱，过舌即空，则舐眼亦何救其馋哉！

（张岱《西湖梦寻》选段）

今天，我们又讲到张岱，这一次，讲的是张岱的代表作《西湖梦寻》的序言。

张岱自称蜀人，但他祖上数代已久居绍兴，张岱也出生在绍兴，是不折不扣的绍兴土著。他的曾祖父考中了状元，之后四代都是大官，张家可谓官宦世家，家大业大，在杭州也有别墅。张岱青少年时代在杭州待了很久，曾长期寓居西子湖畔，整日纵情湖山，吟风弄月，与朋友以诗歌饮酒为乐。张岱自述，祖父在西湖有别墅，名为寄园，张岱本人曾在灵隐寺旁的峋嵝山房读书。所以，张岱对西湖情有独钟。你要去杭州西湖玩，可以先读一下张岱的《西湖梦寻》，再去游览，这本书比任何导游手册都好。

阿老师先来给大家解释一下所选的这段话：

"我的人生啊，生不逢时，阔别西湖已二十八年，然而西湖没有一天不进入我的梦中，梦中的西湖，实际也从未有一天离开过我。之前甲午年、丁酉年，我两次来到西湖，比如涌金门商氏的楼外楼，祁氏的偶居，钱氏、余氏的别墅，以及我家的寄园……这一带的湖畔庄园，只剩一堆瓦砾，于是我梦中西湖所存的一切，现实中反倒没有了。等到这断桥一看，凡往昔的弱柳碧桃、歌楼舞榭，好似被洪水淹没，百不存一。于是我赶紧逃避，说起来我是为了西湖而来的，可如今看到如此残景，反不如保存我梦中的西湖，在那里它尚且算得上完整无恙。由此我想到自己的梦与李太白的梦不同。太白梦到的天姥像神女佳丽，从未得见，梦很虚幻；我梦到的西湖像家园眷属，梦到的是固然所有的，而且梦也很真实。如今，我租住别人的房子已然二十三年，可梦中我依然住在从前的家。以前的小仆人，现在也老得白了头，可在我梦中他仍是孩子般的样儿。以前的习惯没有改变，从前的姿态也没有消失，从今以后，我只需在书斋、旅店寂寞、从容地待着，只要我的梦境安然无虞，西湖景色就依旧岿然不动。孩童追问，有时我回答起来，说的总是梦里的梦，不是疯话就是梦话，因此，我写《梦寻》七十二则，留给后世，权当西湖的影子。我像是由海上归来的山里人，大肆夸赞海鲜味美，同乡邻里竟一起来舔我的眼睛。可叹啊！金齑瑶柱，擦过舌尖，当即成空，舔眼怎能解馋！"

这篇序写于康熙十年（1671）七月十五日，在为刚完成的《西湖梦寻》作序时，张岱写道：

"余生不辰，阔别西湖二十八载，然西湖无日不入吾梦中，而梦中之西湖，实未尝一日别余也。"

张岱以前看到的西湖，实在是太美了，但是遭遇兵燹之后，这里就成为废墟一片。他看到眼前破败的西湖，怎能不想念梦中的西湖呢？这篇文章用了对比的手法，把战争之前和战争之后的西湖做了一番对比，让人生出不知今夕何夕之感。

但读到这里，我感到很奇怪，会产生一个疑问：为什么是阔别 28 年？因为张岱明明在甲午年，即公元 1654 年，和丁酉年，即公元 1657 年，先后两次造访西湖。

其中，1657 年那次张岱是应浙江提督学政谷应泰之请一起纂修《明史纪事本末》，相当于来杭州工作，待的时间应该还挺长。

到 1671 年为《西湖梦寻》写序的时候，张岱中间离别西湖最长的时间应该是 14 年，那么，缘何"阔别西湖二十八载"？大家算一下：从哪一年算起，是相距 28 个年头？很简单，就是 1643 年。

因为，"余为西湖而来，今所见若此，反不若保吾梦中之西湖，尚得完全无恙也"。在张岱的内心，对西湖的记忆，永远停留在 1643 年。那时，西湖尚未受兵燹之祸，还是一派桃红柳绿、歌舞升平的"完全无恙"。这里，这个时间的设定，寄托着张岱对前朝文化的深刻怀念。也因为这样，美国著名的历史学家史景迁就给张岱写了一本传记——《前朝梦忆》，书名四个字透露了张岱晚年全部的心灵秘密。

这些西湖山水，就出现在梦里，而这些西湖山水，就是前朝的山水。国恨家仇，都寄托在张岱的文章里。西湖是什么地方？"山外青山楼外楼，西湖歌舞几时休"（林升《题临安邸》）的地方。柳永的《望海潮》里说："东南形胜，三吴都会，钱塘自古繁华。烟柳画桥，风帘翠幕，参差十万人家。"钱塘指的就是杭州。柳永还说，这里"有三秋桂子，十里荷花"——据说，金国国君完颜亮，听说了这句词，就起了侵略南宋之意。

我们说过甲申国变，就是公元1644年，明朝灭亡。之后张岱逃亡，住在山里。可以说，一个文人的痛苦，不在于物质的匮乏，而在于文明之沦丧。孔子想恢复周礼，说周代"郁郁乎文哉"（《论语》），这也是对文化凋零的感叹。张岱的深沉痛苦，当与孔子类似。

"西湖梦寻"，前朝梦碎，一直追寻的张岱，又能寄情何处呢？

第二十八讲
瓜异

康熙二十六年六月，邑西村民圃中，黄瓜上复生蔓，结西瓜一枚，大如碗。

（蒲松龄《瓜异》）

《聊斋志异》里其实有无数刺激好玩的故事可讲，但这里，我选了篇幅非常短小的《瓜异》。

在康熙二十六年（1687）六月，镇子西边村民的菜园子里，黄瓜的藤上又长出了藤蔓，结出了一只西瓜，有碗口那么大。

黄瓜藤上结了个西瓜而已，这有什么好玩的，何必大惊小怪？确实，放在我们今天来说，这可能就是基因技术；或者，是嫁接。我们知道，很多水果都是通过嫁接技术改良后，才变得更加甜美的。但是在蒲松龄的时代，基因技术，人们怕是连听也没听过，而嫁接技术，恐怕也还没现在那么方便。所以，黄瓜藤上结了一个西瓜，还是挺奇怪的，以至蒲松龄要在书里记一笔。

《聊斋志异》其实就是这么一本书。"志异"，就是记载各种稀奇古怪的事情。黄瓜藤上结西瓜，在当时，也算得上古怪。所谓小说家言，大抵就是这样。所以我们后代把《聊斋志异》看成小说。

《聊斋志异》流传甚广，它文意不深，也是我小时候的读物之一。现在还有很多艺术作品，其母本就来自《聊斋志异》，动画片、电影，乃至手机游戏，都会从中取材。像《画皮》就是很恐怖的鬼故事，被拍成电影，我小时候看，吓得魂不附体，但又感觉特别刺激，所以想看又不敢看。

《聊斋志异》的作品，大致可以分为三类。

第一类当然是爱情故事，占据着全书最大的比重，故事的主要人物大多不惧宗法礼教，勇敢追求自由爱情。这类作品代表作有《莲香》《小谢》《连城》《宦娘》《鸦头》等。这些爱情故事，不全是人类之间的爱情，也有跨物种之恋，比如这些爱情故事里有很多是跟狐狸精有关的。

因为《聊斋志异》里经常有狐狸精出没，而且狐狸精大多数时候是女的，又很漂亮，所以，后代民间就把漂亮的女孩子污名化，叫她们"狐狸精"。当然我们现在知道，这种污名化里有很强的男性话语思想，这一点我们得注意。

第二类多为抨击科举制度，并揭示这一制度对读书人的摧残的。比如《叶生》《司文郎》《于去恶》《王子安》等，都是这类作品。当然，这首先是因为蒲松龄在科举上很不得志，所以批判科举制度成了他创作的一个重要内容。其次，读书人的悲剧，相信蒲松龄也多有听闻，他感同身受，借小说以讽喻，也是理所当然的。

第三类是有关当时的社会现状的，客观上呈现了当时的社会矛盾，也有揭露当权者的残暴、反映人民的苦难的，具有很强的社会意义。这类作品的代表作有《席方平》《促织》《梦狼》《梅女》等。

总之，虽然"子不语怪力乱神"，但到了清代，很多文人却以此为乐。除了蒲松龄，还有纪晓岚——他的《阅微草堂笔记》，也讲了很多鬼故事。还有一个叫袁枚的，直接写了一本书，书名就叫"子不语"，你想想就知道这本书都写了什么。

蒲松龄是文学家，在收集民间故事方面，他也做出了很大的贡献。

蒲家从明代初年，就开始居住在淄川县（今淄博市淄川区）满井庄，后因蒲姓人越来越多，这个地方索性改名叫了蒲家庄。蒲氏虽不是名门望族，但族人多读书，获科举功名者代不乏人。蒲松龄的父亲名蒲槃，幼习举子业，科举不利，弃儒经商，积累了一些财富。但是经过明清之际的战乱，加上子女较多，蒲家就家道中落了。

蒲松龄自幼由父亲教读，"经史皆过目能了"；学习八股文之余，"辄喜东涂西抹，每于无人处时，私以古文自效"（《聊斋志异·自序》，或称《聊斋自志》）；十九岁时，"初应童子试，即以县、府、道三第一，补博士弟子员"（张元《柳泉蒲先生墓表》），得到学使施闰章的赏识。蒲松龄意气风发，入泮次年即与同邑友朋结"郢中诗社"，把盏吟诗，寄兴风雅。青年时代的蒲松龄，就有自己的个性和追求。

蒲松龄三十一岁时，因乡试受挫，应同邑进士、扬州府宝应县（今扬州市宝应县）知县孙蕙之聘，协办文案，充当幕宾，远离家乡，出游江淮。当时淮扬地区连年水灾，民不聊生，他目睹了官府的黑暗、豪绅的贪残以及人民的苦难。"新闻总入狐鬼史，斗酒难消块磊愁。"（《十九日得家书感赋，即呈孙树百、刘孔集》）蒲松龄往往把现实激起的忧愤，倾注在《聊斋志异》的创作之中。淮南水乡虽与齐鲁山色异趣，但难以消除蒲松龄内心的惆怅，他深感岁月蹉跎，坎坷潦倒，前途茫然，不如归去。康熙十年（1671）秋，蒲松龄毅然摆脱幕僚生涯，回到了家乡。

其实，一般而言，古人读书，都是为了做官，写文学作品，属于"闲情偶寄"。即便李白、苏轼，亦胸有宰辅三志，算是一不小心成了文学家。而蒲松龄不一样，蒲松龄的文学生涯，很大程度上是一种自觉，他是出于喜欢才选择了这条道路。相传，他为搜集《聊斋志异》的素材，常备茶水于村头招待路人，听他们讲各种传说故事。

他生长于农村，幼年受过乡村文化的熏陶。蒲松龄自谓"喜人谈鬼""雅爱搜神"。有文献表明，他从青年时期便热衷于记述奇闻异事，写作狐鬼故事。对一位志在入仕的秀才来说，这未免太不务正业，"可怜无补费精神"。为此，他受到过友好的劝阻、不友好的讥讽。

四十岁时，他将已作成的篇章结集成册，定名为"聊斋志异"，并且撰写了情辞凄婉、意蕴深沉的序文——《聊斋自志》，自述写作的苦衷，期待为人所理解。他没有屈从于社会的偏见，此后仍然执着地写作，直到年逾花甲，方才逐渐搁笔。《聊斋志异》，是他花费大半生陆续创作出来的。

那些劝他不要不务正业的人，如今安在哉？而蒲松龄，却因为他的狐狸和鬼怪故事，为我们后人所知晓，给我们后人带来了文学和艺术的享受。后人对《聊斋志异》有很高的评价，比如郭沫若说："写鬼写妖高人一等，刺贪刺虐入骨三分。"

人们总追问人生的意义和价值何在。我想，像蒲松龄那样，从事自己最喜欢的事情，不就是意义之所在吗？

第二十九讲
阅微草堂笔记

沧州南一寺临河干，山门圮于河，二石兽并沉焉。阅十余岁，僧募金重修，求二石兽于水中，竟不可得，以为顺流下矣。棹数小舟，曳铁钯，寻十余里无迹。

一讲学家设帐寺中，闻之笑曰："尔辈不能究物理。是非木柿，岂能为暴涨携之去？乃石性坚重，沙性松浮，湮于沙上，渐沉渐深耳。沿河求之，不亦颠乎？"众服为确论。

一老河兵闻之，又笑曰："凡河中失石，当求之于上流。盖石性坚重，沙性松浮，水不能冲石，其反激之力，必于石下迎水处啮沙为坎穴。渐激渐深，至石之半，石必倒掷坎穴中。如是再啮，石又再转。转转不已，遂反溯流逆上矣。求之下流，固颠；求之地中，不更颠乎？"如其言，果得于数里外。然则天下之事，但知其一，不知其二者多矣，可据理臆断欤？

（纪昀《阅微草堂笔记》选段）

这篇文章也曾被选入中学语文教科书，题为《河中石兽》。

沧州的南面有一座靠近河岸的寺庙，寺庙的大门倒塌在了河里，门前的两只石兽也一起沉没在此河中。过了十多年，僧人们募集金钱重修寺庙，在河中寻找两只石兽，可始终没找到。僧人们认为石兽顺着水流流到下游了，于是划着几只小船，拖着铁钯，向下游寻找了十多里，可依旧没有找到石兽的踪迹。

一位讲学家在寺庙中教书，听说了这件事，笑着说："你们这些人不能推究事物的道理。这不是木片，怎么会被暴涨的洪水带走呢？石头坚硬沉重，泥沙松软浮动，石兽埋没在沙里，越沉越深了。顺着河流寻找石兽，不是很荒唐吗？"大家信服，认为这是正确的言论。

　　一位老河兵听说了讲学家的观点，又笑着说："凡是落入河中的石头，都应当在河的上游寻找它。确实，石头坚硬沉重，沙松软轻浮，水流不能冲走石头，可水流反冲的力量，一定会在石头下面迎水的地方侵蚀沙子，形成坑洞，且越激越深，当坑洞延伸到石头底部的一半时，石头便必定倾倒在坑洞中。像这样再冲刷，石头又会再次转动。像这样不停地转动，于是石头反而逆流而上，沿反方向到上游去了。到河的下游寻找石兽，本来就显得很荒唐；在石兽沉没的地方寻找它们，不是显得更荒唐吗？"僧人们依照他的话去寻找，果然在上游的几里外寻到了石兽。天下的事，只知其一，不知其二的情况有很多，难道可以根据某个道理就主观判断吗？

　　这个石兽掉到河里面，后来居然在上游被找到了，真是太奇怪了。

　　之所以选这篇古文，是因为这篇古文是中国古代很少的，愿意去追根溯源、穷究物理的文章。你看王阳明格竹，就是在那儿待着，却没有方法，既不做科学实验，也不做样本调查，更不做切片分析，他这样格竹，仍然属于玄学，不属于科学。而这篇文章中的找寻河中石兽，倒是有了很多经验主义和科学实证的意味，所以，很值得说一说。

你肯定有过这个体验：在沙滩上玩沙子，光着脚堆沙堡，脚后跟踩在沙滩上，大海波浪冲刷过来时，就会把你脚后跟的沙子冲走。假设我们站着不动，想来最终也会像石兽一样歪倒，并且是迎着水流的方向歪倒。

但是我们是活的，脚后跟的沙子被冲走了，要摔跤的时候，我们就跑了。但这个故事里，石兽没有生命，它不会跑，于是翻翻滚滚，居然到了上游。

这个故事来自《阅微草堂笔记》，作者叫纪昀。在历史上，纪昀贡献很大，作为大学士，他主持了《四库全书》的编写。

纪昀生于 1724 年，卒于 1805 年，字晓岚，清朝直隶献县（今河北省沧州市献县）人，官至尚书，尽天年而卒，也是高寿。

《阅微草堂笔记》共 38 万多字，二十四卷，全书分五大栏目，其中包括《滦阳消夏录》六卷、《如是我闻》四卷、《槐西杂志》四卷、《姑妄听之》四卷、《滦阳续录》六卷，自乾隆五十四年（1789）至嘉庆三年（1798）陆续写成。全书主要记述狐鬼神怪故事，意在劝善惩恶，虽然不乏因果报应的说教，但是种种描写折射出了当时的社会风貌。

我们对纪昀这个人更熟悉的，其实是他的字——晓岚。很多野史传说，都跟这个名字有关。曾有一部很著名的电视连续剧，叫作《铁齿铜牙纪晓岚》，热播一时，引起了"纪晓岚热"。但这只是电视剧，跟历史事实还是有很大出入的，属于戏说历史。

例如，事实上纪晓岚比和珅年纪大很多，两人相差 26 岁，而且两个人也没有那么多交集，更不是损友。因为和珅是乾隆面前第一红人，权势煊赫，不可一世；而纪晓岚虽文名在外，但在官职上，只是文学侍从、翰林编修之类，不是什么高官，也不是近臣。两人即使偶有交集，纪晓岚想必也是不怎么敢得罪和珅的。

纪晓岚最绝的本事，乃是对对子。古代童子开蒙学习，对对子是最基本的功夫。纪晓岚更是此中高手。据说，乾隆南巡到江苏通州，就是现在的南通市，他突然想到河北也有一个通州，于是出了上联："南通州，北通州，南北通州通南北。"随从们都对不出来。这个时候恰好街上有个当铺，纪晓岚灵机一动，对出下联：

"东当铺，西当铺，东西当铺当东西。"

　　还有一次，乾隆叫纪晓岚随侍，桌上摆的点心里，有两碟豆子，乾隆就出了个上联让纪晓岚对："两碟豆。"纪晓岚信口答道："一瓯油。"没想到乾隆马上改口说："我说的是两蝶斗。"纪晓岚笑着说："我念的是一鸥游。"乾隆又说："林中两蝶斗。"纪晓岚答道："水上一鸥游。"二人哈哈大笑起来。

第三十讲
潍县署中寄舍弟墨第一书

　　读书以过目成诵为能，最是不济事。眼中了了，心下匆匆，方寸无多，往来应接不暇，如看场中美色，一眼即过，与我何与也。千古过目成诵，孰有如孔子者乎？读《易》至韦编三绝，不知翻阅过几千百遍来，微言精义，愈探愈出，愈研愈入，愈往而不知其所穷。虽生知安行之圣，不废困勉下学之功也。东坡读书不用两遍，然其在翰林院读《阿房宫赋》至四鼓，老吏苦之，坡洒然不倦。岂以一过即记，遂了其事乎！惟虞世南、张睢阳、张方平，平生书不再读，迄无佳文。且过辄成诵，又有无所不诵之陋。即如《史记》百三十篇中，以《项羽本纪》为最，而《项羽本纪》中，又以钜鹿之战、鸿门之宴、垓下之会为最。反覆诵观，可欣可泣，在此数段耳。若一部《史记》，篇篇都读，字字都记，岂非没分晓的钝汉！更有小说家言、各种传奇恶曲，及打油诗词，亦复寓目不忘，如破烂厨柜，臭油坏酱悉贮其中，其龌龊亦耐不得。

（郑燮《潍县署中寄舍弟墨第一书》）

郑燮，就是郑板桥。之前我们讲徐渭，说一个人很崇拜徐渭，刻了一枚私章，上书"青藤门下牛马走"，这人就是郑燮。

郑燮，字克柔，号理庵，又号板桥，人称板桥先生，江苏兴化人，祖籍苏州，清代书画家、文学家。

郑燮读书多，才华横溢，有诗名。他于乾隆元年（1736）中进士，曾任潍县（今山东潍坊市）县令。但他不怎么爱当官，之后辞官，客居扬州，以卖画为生，为"扬州八怪"重要代表人物之一。"扬州八怪"历史上说法不一，一般指的是金农、郑燮、黄慎、李鳝、李方膺、汪士慎、罗聘、高翔，他们都很有才华，也很有意思。他们大多出身贫寒，生活清苦，清高狂放，书画往往成为他们抒发心胸志向、表达真情实感的媒介。

比如，郑板桥一生只画兰、竹、石，他曾说"四时不谢之兰，百节长青之竹，万古不败之石，千秋不变之人，写三物与大君子为四美也。"其诗、书、画，世称"三绝"，是清代富有代表性的文人画家。郑板桥也有著名的诗歌传世，比如《竹石》，就是他的代表作之一：

> 咬定青山不放松，立根原在破岩中。
> 千磨万击还坚劲，任尔东西南北风。

其中"咬定青山不放松"这样的句子，一出来便是"金句"，流传至今。

《潍县署中寄舍弟墨第一书》这篇文章，是郑板桥任潍县县令时，写给弟弟的信。"舍弟"，就是弟弟，在这里其实不是胞弟，而是堂弟，他叫郑墨，是郑板桥叔叔的孩子。"舍弟墨"，意思就是"我的弟弟郑墨"。郑板桥跟他的堂弟感情很好。

这篇文章非常有见识，我选此篇，也是因为有很多赞同郑燮的地方。比如此文讲读书方法，讲应该怎么读书：不死读书，不形式主义地读书，而把书本里的东西，内化为自己的精神滋养。可以说，郑燮深谙读书之道。

我们读了这么多篇文言文，应该会有一个新发现：越是离我们年代久远的文言文，比如先秦的，就越难懂；而当我们开始读晚近的文言文，比如明清时代的文章，就会发现，这些文章好懂起来了。因为，年代越近，则语言离我们现代汉语就越近，也就更容易读懂。

郑燮的这篇文章也很浅显，阿老师先来解释一遍。

读书只追求过目成诵，觉得自己聪明，记性好，还当作值得肯定的才能去炫耀，其实是最没用的。眼里看得清楚，心里匆匆而过，其实留在心中的并不多，这样看来看去，眼睛根本应付不过来，就像看歌舞场中的美女，看上一眼就过去了，和自己有什么相关呢？自古以来过目成诵的人，有谁能比得上孔子呢？孔子研读《周易》，反复阅读，使得用以串联《周易》竹简的皮条都断了好几次，不知道他翻阅过几千几百遍了。

这里，阿老师讲句题外话，"韦编三绝"是个成语，后代说一个人读书用功，常用"韦编三绝"来形容。

精微的语言，深刻的道理，越探索越明白，越钻研越深入，越是深入钻研就越是不知道它的尽头。即使是生来就懂得道理、能从容不迫地实行大道的圣人，也不会荒废刻苦学习人情事理的功夫。苏东坡读书不需要读第二遍，然而他在翰林院时却可以读《阿房宫赋》直到四更天，掌管翰林院的老官吏都觉得他读得辛苦，可苏东坡却十分畅快，毫无倦意。怎么能因为看一遍就能记诵，便丢下书本，草草结束学习呢！只有虞世南、张睢阳、张方平，一生读书从不读第二遍，但他们始终也没有写出什么好文章。况且过目一遍就能背，又有什么都背的坏处。就像《史记》一百三十篇中，《项羽本纪》写得最好，而《项羽本纪》中，又要数巨鹿之战、鸿门之宴、垓下之会等几个片段最好。值得反复诵读观赏、为之欣喜悲泣的内容，只有这几个片段罢了。如果一部《史记》，篇篇都读，字字都记，岂不成了不懂道理的愚钝之人！还有对小说家的作品，各种品位低俗的戏曲，以及打油诗词也都过目不忘的，这样的人就像一个破烂的橱柜，发臭的油、腐坏的酱全都贮藏在里面，他的品位也低俗得让人难以忍受！

郑燮此文中的观点，哪怕放在我们当下，也是有点离经叛道的；他对前人的著述并不盲信，这在当时，很难得。所以他才会成为"扬州八怪"之一。

但是他信里的内容，又很有道理。比如，读书到了会背诵的程度了，不代表你就懂了。孔子还要"韦编三绝"呢，苏东坡那样绝顶聪明的人，读书还要读到四更。四更，是时间概念，大概就是现在后半夜1点至3点的样子。五更，就是之后的两个小时。

郑燮举这两个例子，想说明读书的关键不是背诵，而在于激发兴趣，能够理解书中的内容。这个观点，放在当下也不过时。兴趣才是读书和思考的起点。苏东坡读书读到后半夜，这不是头悬梁锥刺股的刻苦，而是喜欢，是在读书过程中得到了极大的乐趣。这样的感受，我们这代人年轻时读金庸的武侠小说时也曾有过。现在的孩子们，阅读的兴趣又在哪里呢？这是值得我们成年人思考的。

因此，读书最重要的有两点：一点是真正理解其中幽微精深的道理，而不是背诵卖弄。一点是自己喜欢。如果读书读到自己喜欢，那我们还需要长辈用力地督促吗？

这也是阿老师不强求背诵古文的原因。不强迫、不"打卡"，除非自己喜欢。比如，"陌上花开，可缓缓归矣"一句，因为句子实在太美妙了，读一遍，就记住了，何须强迫？古文之美，是需要我们用心灵去感受的。

第三十一讲
病梅馆记

江宁之龙蟠，苏州之邓尉，杭州之西溪，皆产梅。或曰：梅以曲为美，直则无姿；以欹为美，正则无景；梅以疏为美，密则无态。固也。此文人画士，心知其意，未可明诏大号，以绳天下之梅也；又不可以使天下之民，斫直，删密，锄正，以夭梅、病梅为业以求钱也。梅之欹、之疏、之曲，又非蠢蠢求钱之民，能以其智力为也。有以文人画士孤癖之隐，明告鬻梅者，斫其正，养其旁条，删其密，夭其稚枝，锄其直，遏其生气，以求重价，而江、浙之梅皆病。文人画士之祸之烈至此哉！

予购三百盆，皆病者，无一完者。既泣

之三日，乃誓疗之、纵之、顺之，毁其盆，悉埋于地，解其棕缚；以五年为期，必复之全之。予本非文人画士，甘受诟厉，辟病梅之馆以贮之。呜呼！安得使予多暇日，又多闲田，以广贮江宁、杭州、苏州之病梅，穷予生之光阴以疗梅也哉？

(龚自珍《病梅馆记》)

阿老师喜欢古典文学，这跟审美趣味有关，没什么好解释的。于是，历朝历代那些我喜欢的作家，都在我的名单上，一个一个讲下来，就像献宝一样，展示给各位读者；尤其是讲到自己特别心仪的，内心就开始欢喜雀跃。

龚自珍也是我很喜欢的一个人；苏轼、张岱、龚自珍，在我心里排名大概不分先后。我曾花很多时间通读《己亥杂诗》，那句"我劝天公重抖擞，不拘一格降人材"的名句，就在这本诗集里。

龚自珍是清代著名诗人、文学家，杭州人。但龚自珍生前，并没有现在这么大的知名度。我们知道，一代有一代之文学：唐之诗，宋之词，元之曲，明清之小说。这是王国维的观察。但是在清代，又有一个诗词的小复兴，出现了很多诗词写得很棒的人。比如，诗人有常州的黄仲则，他被称为清朝的李白。有个满族的王公贵族，叫纳兰性德，他的词也堪称一绝。龚自珍也是在清朝诗坛独步一时的人物。

我们评价一首诗歌好不好，有一个重要的指标，就是这首诗歌里有没有警句。警句就是那种你听了之后，不用死记硬背，也一下子就能刻入脑海、挥之不去的句子。龚自珍是一个特别擅长写警句的人，语言功力好得不得了。像"九州生气恃风雷，万马齐喑究可哀"（《己亥杂诗·其二百二十一》），像"落红不是无情物，化作春泥更护花"（《己亥杂诗·其五》），像"气寒西北何人剑，声满东南几处箫"（《秋心三首·其一》），几乎每一句都是警句，令人难忘。

龚自珍去世若干年之后，有一个人叫梁启超，他突然之间读到了龚自珍的诗文，就像触了电一样，浑身鸡皮疙瘩都起来了。梁启超想：这人是谁，是今人还是古人，为什么写得这么好！这种触电的感觉，用梁启超自己的话讲，叫"若受电然"。我们初次读到好文章，是不是也会有这样的感觉？

阿老师来讲一讲《病梅馆记》主要内容的大意。

江宁的龙蟠里，苏州的邓尉山，杭州的西溪，都出产梅花。有人说："梅姿态弯曲是美的，笔直了就没有风姿；枝干倾斜是美的，端正了就没有景致；枝叶稀疏是美的，茂密了就没有雅态。"确实如此。但对于这点，文人画家虽心里明白它的意思，却不便公开宣告，大声疾呼，用这种标准来约束天下的梅；不能让天下种梅人砍掉笔直的枝干、除去繁密的枝叶、锄掉端正的枝条，把枝干摧折，使梅花呈现病态，以之作为职业来谋求钱财。梅的枝干的倾斜、枝叶的疏朗、姿态的弯曲，又不是那些忙于赚钱的人能够凭借他们的智慧和力量做得到的。可有的人把文人画士这隐藏在心中的特别嗜好明白地告诉了卖梅的人，让他们砍掉端正的枝干，培养倾斜的侧枝，除去繁密的枝叶，摧折它的嫩枝，锄掉笔直的枝干，抑制它的生机，用这样的方法来谋求大价钱，于是江苏、浙江的梅都病态化了。文人画家造成的祸害严重到这个地步啊！

作者买了三百盆梅，都是病梅，没有一盆是完好的。他为它们哭了好几天之后，发誓要治好它们：放开它们，使它们顺其自然地生长，毁掉那些盆子，把梅全部种在地里，解开捆绑它们的棕绳的束缚；以五年为期，一定使它们恢复完好。作者认为自己本就不是文人画士，也心甘情愿受到辱骂，便开设一个病梅馆来贮存它们。

本文表面上句句说梅，实际上却以梅喻人，字字句句抨击时政，寓意十分深刻。作者借文人画士不爱自然健康的梅，而以病梅为美，以致梅花受到摧残，影射帝王专制时代禁锢人们的思想、摧残人才的行径。所以我们说，龚自珍是最早从天朝迷梦中惊醒过来的知识分子之一，他超前地、有预见性地，发出了"盛世危言"。

龚自珍生于1792年，死于1841年。这两个年份，都是很有说头的。1792年，发生了一件事，这件事在当时看来平凡无奇，最后却影响至深，甚至可以说，影响了中国和世界的交往。

1792年，马戛尔尼代表英王乔治三世访华，为乾隆皇帝贺寿。英国派遣马戛尔尼使团访华，真实目的是通过与清王朝最高当局谈判，取消清政府在对外贸易中的种种限制和禁令，打开中国门户，开拓中国市场。

这个庞大的使团，原本是想跟中国修好，进行公平贸易，但双方却在一个礼仪的要求上起了争执，几乎无法调和。清朝政府要求英国使臣按照各国贡使觐见皇帝的一贯礼仪，行三跪九叩之礼。英使则认为这是一种屈辱而坚决拒绝。礼仪之争自天津，经北京，而传到当时乾隆所在的热河。乾隆帝闻讯，勃然动怒，下令降低接待规格。由于中英双方都不肯迁就让步，谈判几近破裂。

而谈到自由贸易条款的时候，乾隆皇帝说：不需要。因为他认为中国地大物博，什么都有，什么都不需要，西洋的奇技淫巧，又有什么用呢？

1794年3月17日，马戛尔尼一行离开中国，后来他说：中国百姓的生活很贫穷，人人都很瘦，而清政府却鼠目寸光，只知道阻碍人民智力进步。马戛尔尼的助手安德逊回到英国后，想起这次外交之旅，只说了三句话："我们进入北京时像乞丐；在那里居留时像囚犯；离开时则像小偷。"（佩雷菲特《停滞的帝国：两个世界的撞击》）

所谓"康乾盛世"，也不过如此。

　　龚自珍生在马戛尔尼出使中国的这一年，死于鸦片战争爆发的第二年。如果乾隆皇帝开明的话，或许当时就有机会跟外界自由、平等地贸易，那后来的一场又一场悲剧，是不是就会有所不同？

　　这就是龚自珍在世界上的 50 年，他才活了 50 岁。这 50 年，从马戛尔尼访华，到鸦片战争爆发，一切都在不知不觉之间发生。看起来，清王朝统治之下，天下太平，表面是一潭死水，实际则危机四伏。暴风雨即将来临的前夕，面对西方文明前所未有的挑战和三千年未有之变局，帝国统治者、满朝文武却浑然不觉。

　　而龚自珍，则是这个时代极其罕见的先知先觉者，对时代的脉搏有敏锐的感触，他指斥社会的弊病，强烈要求改变现实，反映了一部分知识分子的思想自觉，这是难能可贵的。因此，我们虽然生在 21 世纪，但是在读龚自珍的时候仍会"若受电然"，甚至废书而叹，这也是很令人感慨的。

第三十二讲
述为学有四要事

　　吾见家中后辈体皆虚弱，读书不甚长进……曾以为学四事勖儿辈：一曰看生书宜求速，不多读则太陋；一曰温旧书宜求熟，不背诵则易忘；一曰习字宜有恒，不善写则如身之无衣，山之无木；一曰作文宜苦思，不善作则如人之哑不能言，马之跛不能行。四者缺一不可，盖阅历一生，而深知深悔之者，今亦望家中诸侄力行之……两弟如以为然，望常以此教诫子侄为要。

《曾国藩家书》选段

　　曾国藩，晚清重臣，封疆大吏，却是一个充满争议、褒贬不一的人物。钦佩他的人，非常推崇他。我们曾讲过，儒家讲究一个人要立德、立功、立言，是为"三不朽"。历代以来，能做到的人其实甚少，有人认为王阳明可算一个，曾国藩也可算一个。

而不喜欢曾国藩的人，却说曾国藩虽号称大儒，道德文章为天下表率，但同时又杀人如麻，甚至有一个"曾剃头"的绰号——意思是他杀人就像剃头一样。

历史上的人物，总是会有很多褒贬相随，尤其是曾国藩这样的大人物，又生在一个非常的时代。褒之贬之，都是曾国藩这个人的组成部分。

曾国藩，生于1811年11月26日，卒于1872年3月12日，号涤生，据说是孔子的弟子曾子的七十世孙；中国晚清时期的政治家、战略家、理学家、文学家、书法家，湘军的创立者和统帅。

关于曾国藩的"三不朽"，我们先来说立功。他曾创建湘军，力挽狂澜，经过多年鏖战后打败太平天国，挽救风雨飘摇的清王朝于倾覆之际。但曾国藩也不是一帆风顺的。湘军刚建立的时候，跟太平军打仗，在长江兵败，曾国藩想要跳江自杀，幸得部下搭救。据传，这一时期，虽然曾国藩屡战屡败，但是他在给皇帝的奏章里，却这么说："臣屡败屡战。"你看，事实是屡战屡败，但是曾国藩说"屡败屡战"，客观上就强调了他的意志之坚定。皇帝看了很高兴，表示要嘉奖曾国藩。但如果他写"臣屡战屡败"，那就是请罪了，皇帝不治他的罪，就已经很不错了。前后次序的一个小小变换，寓意就完全不同，这是文章大家的笔法。

　　不过在后人看来，曾国藩还有特别重要的功劳，就是办洋务。办洋务，其实就是向西方学习。洋人不是船坚炮利吗？那好，我们向洋人学习。当时有人提出"师夷长技以制夷"，在士林之中，也形成了一部分共识。在曾国藩的倡议下，才有了中国第一艘轮船的建造、第一所兵工学堂的建立、第一批西方书籍的翻译和印刷、第一批学生的赴美留学。可以说曾国藩是中国近代化建设的开拓者。所以，虽然曾国藩读的是孔孟之学，践行的是程朱理学，但他并不是一个闭目塞听的人，不管他出于什么用意，至少，他是一个能睁眼看世界的人。

　　所谓立言，就是文章著述。曾国藩继承桐城派方苞、姚鼐而自立风格，创立了晚清古文的"湘乡派"，乃湖湘文化的重要代表。他论古文，讲求声调铿锵，以包蕴不尽为能事；所为古文，有一种雄奇瑰玮的意境，能一振桐城派枯淡之弊，为后世所赞。曾国藩这个人很勤奋，一生都在打仗、当官、办洋务，却还写了那么多书，后世将其总为一辑，叫《曾文正公全集》。很多研究者都说，曾国藩并不是天资特别好的人，胜就胜在后天的勤奋。

立德，其实就是个人的道德操守。曾国藩一生服膺孔孟之道，而努力践行。死后，皇帝给他的谥号叫"文正"。什么叫谥号？古代的诸侯大臣，总之是社会地位相对较高的人物，在其去世之后，朝廷会依据其生前所作所为，给出一个具有评价意义的称号，这就是谥号。曾国藩的谥号叫"文正"，表示有文采，又正直，这是极高的评价，在文人的各种谥号里，地位、级别都非常高，因而也很罕见。除了曾国藩，宋代的范仲淹也拥有这个谥号。

曾国藩的家书，历来被后人看重。我们今天选的，就是他写给子侄辈的书信，讲怎么学习、怎么治学的。因为曾国藩是大学者，也是大官，在家族中的地位非常高，所以大家都很信服他。事实上，曾国藩治家也确实很好，其家教在历史上是有名的，他的后代也都很了不起。

他的一生有三子五女。长子早夭。女儿都嫁了好人家。另外两个儿子，凭着自己的本事，也都各自闯出一片天地。

次子曾纪泽，因为曾国藩的地位而承袭了一份爵位。不过，这并不代表他是个没本事的人。跟当时很多人不同，曾纪泽除了学习传统儒家经典，还学习了西方文化。曾国藩去世，曾纪泽守孝的时候，案头上就摆了《韦氏词典》《英话正音》等书籍。后来，曾纪泽就成了晚清一位非常有眼光、有见识的外交家。

幼子叫曾纪鸿，是个数学家，并著有《对数评解》《圆率考真图解》《粟布演草》等书籍。

曾家后代中杰出人物很多，我觉得，这跟曾国藩治家的风范是有关系的。我们今天选的文章，是曾国藩写给四弟、九弟的信，既是他家庭教育思想的体现，也是他治学方法的体现，对于我们当下也是很有帮助的。这封信大意如下：

"看到我们家的后辈都身体虚弱，读书没什么长进，我用四件事，来勉励子侄辈。第一，看新书要追求速度，不多读书就会见识浅陋；第二，温习旧书应该追求熟练，不背诵就容易忘掉；第三，练字需要有恒心，不擅长写字，就像身上没穿衣服，山上没有木头；第四，写作文应该能苦思，不善于写作文，就像人不能说话、马不能跑。这四件事缺一不可，它们是我这一生深刻地知道又深深地后悔的，希望家里各位子侄身体力行。两位弟弟如果觉得这样是对的，希望你们也常常以此去教育自己的孩子。"

这封书信的写作年代，离现在已有一百五十多年了，但我们读下来，还是觉得很有教益，尤其是读书和写作两事：读书要用心，写作更要用心。曾国藩说，不读书，就像个哑巴，令我们想起孔子说的"不学《诗》，无以言"（《论语》），这真是有洞见。

在我们当下这个知识经济的时代，写作能力格外重要。就如阿老师本人，为什么我总是说自己无所畏惧？因为我有薄技随身，那就是写作。

第三十三讲
王观堂先生纪念碑铭

士之读书治学，盖将以脱心志于俗谛之桎梏，真理因得以发扬。思想而不自由，毋宁死耳。斯古今仁圣所同殉之精义，夫岂庸鄙之敢望。先生以一死见其独立自由之意志，非所论于一人之恩怨，一姓之兴亡。呜呼！树兹石于讲舍，系哀思而不忘。表哲人之奇节，诉真宰之茫茫。来世不可知者也。先生之著述，或有时而不章。先生之学说，或有时而可商。惟此独立之精神，自由之思想，历千万祀，与天壤而同久，共三光而永光。

（陈寅恪《王观堂先生纪念碑铭》）

王观堂先生，就是王国维，我们讲过他的《人间词话》。1927 年，王国维投昆明湖而死。事后人们在其内衣口袋内发现遗书，遗书中写道："五十之年，只欠一死。经此世变，义无再辱。"

后来，人们怀念王国维，就在清华园里造了一座纪念碑。这是王国维自沉昆明湖两年后的事情。纪念碑由梁启超的儿子梁思成设计，纪念碑铭则由大学者陈寅恪撰写。

这篇碑铭，一直为知识分子所传诵；尤其是"独立之精神，自由之思想"这十个字，真是石破天惊，揭示了学术自由的真谛，因而也广为我们后人所推崇。从学术独立到精神独立，不仅是现代学人理应跋涉的征途，也是现代学人应当为之努力的崇高境界。

陈寅恪也是一个大师级别的人物，由他来写同为"清华五大导师"之一的王国维的碑铭，是最合适不过的了。

我们来说说陈寅恪其人。清光绪十六年（1890），陈寅恪生于湖南长沙。"恪"这个字，是陈寅恪及其兄弟排行的用字。但为什么他叫陈寅恪呢？我们曾讲过屈原的《离骚》，知道"惟庚寅吾以降"，寅就是老虎；

1890 年是虎年，陈寅恪这一年出生，因此而得名。我再举个例子。我们知道有个人叫唐伯虎，伯虎是他的字，而他的名，就叫寅。

陈寅恪是大学者，那种不世出的大学者。如果陈寅恪是大师，那么别的被叫作大师的人，就都"缩水"了。著名历史学家傅斯年曾这样评价陈寅恪的学问："近三百年来一人而已。"梁启超先生也说，他虽算得上著作等身，但所有著作还不如陈先生寥寥数百字有价值。当然，梁启超这是谦虚，梁启超本人也很了不起。引用这两个评论，就是要表明陈寅恪是学者中的学者、大师中的大师。

为什么这么说呢？来看看陈寅恪的实力吧。据说，他精通梵文和多种西域古代语言；甚至有人说他通晓英语、法语、德语、俄语、西班牙语、日语、阿拉伯语、梵语、巴利语、突厥语、波斯语、匈牙利语、希伯来语、拉丁语、希腊语、吐火罗语、朝鲜语、印地语、暹罗语等 20 余种语言。当然，这也可能是夸张的，甚至是后代对陈寅恪的神化，但他的学问很大，是不争的事实。

陈寅恪这么厉害，有很多原因，比如一生勤奋、出国留学、师从名家等。其中，我最想讲的，是陈寅恪的家学渊源。陈寅恪是世家子弟，出自江西义宁陈家，祖上三代都很厉害。他的祖父就是晚清的封疆大吏陈宝箴，维新派的代表人物之一。

1864 年，陈宝箴赴南京投奔曾国藩，深受器重；1869 年经曾国藩推荐，入京觐见，外简湖南候补知府；1895 年 4 月，升任湖南巡抚，慨然以开发湖南为己任。

陈宝箴任湖南巡抚时，以"变法开新"为己任，推行新政，先后设矿务局、铸币局、官钱局，兴办电信、轮船及制造公司，创立南学会、算学堂、时务学堂，支持谭嗣同等刊行《湘学报》《湘报》，使湖南维新风气大盛，成为全国最有生气的省份。

因此，湖南自近代以来一直开风气之先，这跟曾国藩、陈宝箴这样的维新派人物的推动，是分不开的。

陈寅恪的父亲陈三立，是著名诗人，与谭延闿、谭嗣同并称"湖湘三公子"，还有"中国最后一位传统诗人"之誉，也是当时文坛执牛耳的人物。

生于这样的家庭，陈寅恪耳濡目染，自然深有慧心，起点很高，日后成为大师，也是可以想见的了。

当然，陈寅恪的研究比较专业，我们阅读或有门槛。但今天选的《王观堂先生纪念碑铭》，是陈寅恪流传甚广的文字，也容易理解。我来把大意说一下。

　　士人读书治学，是为了脱离世俗的枷锁，让真理得到发扬。思想不自由，那还不如死了算了。这就是古今那些圣人殉道的精神意义，这难道是那些庸俗鄙陋的人能理解的吗？王国维先生之死，足以见出他独立自由的精神意志，并不是为了个人的恩怨，也不是为了一个姓氏的兴亡。把这块石碑立在这里，用来寄托哀思和怀念，表达哲人的气节，诉诸茫茫宇宙真正的主宰。来世也许是不可知的，先生的著述有时可能也不会被彰显。先生的学说有时可能也是可以商榷的，但唯独这种独立的精神、自由的思想，即便经过千秋万代，也会和天、地一样持久，跟日、月、星三光一样，永远放射着光芒。

　　这个语段里提到"一姓之兴亡"，这是什么意思呢？王国维投身昆明湖，有人说是为了殉清。因为，王国维曾受过溥仪的召见。"一姓"就是指清朝皇帝的姓氏爱新觉罗，"一姓之兴亡"就表示一个朝代的覆亡。

　　很明显，陈寅恪认为，王国维并不是为了殉清，而是为了追求思想之自由，所以才有"思想而不自由，毋宁死耳"这样的句子。而这正是我们要研究学术、追求思想精进的最深刻的动力。一个学者为什么要拼命攀登学术的高峰，因为这是自由的召唤；就像一个登山人为什么要去登山，因为山在那里。

阿老师年轻时，有两个理想：要不成为学者，要不成为作家。如果成为学者，那么我的偶像就是陈寅恪；如果成为作家，那么我的偶像就是卡尔维诺。在我看来，学术和创作中包含着最终极的自由之境——这是我们这一生都在寻求的彼岸。

可惜的是，阿老师没有实现这两个理想。但我其实并不羞愧，因为我在快到中年的时候，有了新的理想，这个理想就是跟青少年朋友在一起，为青少年造梦，为青少年服务。这也是这套《非一般的古文课》产生的原因。

尽管不讲学术，只是讲述一些常识，阿老师在这个撰述之中，也感受到了快乐，也感受到了自由。因为，所谓自由，用孔子的话来讲，就是"从心所欲，不逾矩"（《论语》）。